사과를
망설이는
어른에게

사과를 망설이는 어른에게

서툴지만 다시 배워보는 관계의 기술

초 판 1쇄 2024년 11월 27일

지은이 김나리
펴낸이 류종렬

펴낸곳 미다스북스
본부장 임종익
편집장 이다경, 김가영
디자인 윤가희, 임인영
책임진행 이예나, 김요섭, 안채원, 김은진, 장민주

등록 2001년 3월 21일 제2001-000040호
주소 서울시 마포구 양화로 133 서교타워 711호
전화 02) 322-7802~3
팩스 02) 6007-1845
블로그 http://blog.naver.com/midasbooks
전자주소 midasbooks@hanmail.net
페이스북 https://www.facebook.com/midasbooks425
인스타그램 https://www.instagram.com/midasbooks

ⓒ 김나리, 미다스북스 2024, *Printed in Korea*.

ISBN 979-11-6910-939-0 03190

값 19,000원

미다스북스는 다음세대에게 필요한 지혜와 교양을 생각합니다.

서툴지만 다시 배워보는 관계의 기술

사과를
망설이는
어른에게

김나리 지음

미다스북스

사과를 배웠던
기억이 없습니다

어른이 되면 모든 게 더 쉬워질 줄 알았습니다. 적어도 아이들보다는 이성적이고 현명하게 행동하며, 갈등 앞에서도 의연하게 사과할 수 있을 줄 알았습니다. 하지만 15년 차 HRD 전문가로서 수많은 사람들을 만나고 교육하며 깨달았습니다. 어른들의 세계는 아이들보다 훨씬 복잡하고, 사과는 더욱 무거운 짐처럼 느껴진다는 것을.

"미안해." 한마디면 될 일을, 자존심 때문에, 체면 때문에, 혹은 조직의 논리 때문에 그러지 못하는 어른들을 수없이 보았습니다. 회사에서 사과를 받지 못해 퇴사를 결심하는 동료, 사소한 오해를 풀지 못하고 서로에게 깊은 상처만 남긴 채 멀어져 가는 친구들… 그리고 저 자신도 사과하기 싫어서, 혹은 사과할 용기가 없어서 소중한 관계를 놓쳐버린 적이 있습니다. 돌이켜 보면, "미안해."라는 말 한마디면 충분히 해결할 수 있었던 문제들이 얼마나 많았던가요? 하지만 그때는 왜 그렇게 사과가 어려웠을까요?

사과는 더 이상 수습용 언어로 전락해서는 안 됩니다. 사과는 회복 언어입니다. 단순히 일이 터진 후에 임시방편으로 관계를 봉합하는 수단이 아니라, 상처 입은 마음을 진심으로 어루만지고 관계를 회복하는 힘을 가진 언어입니다.

실수와 마찰, 갈등은 어디서나 겪을 수 있는 일입니다. 친구와 다투기도 하고, 연인과 오해가 생기기도 하고, 직장 동료와 의견 충돌이 일어나기도 합니다. 우리는 살아가면서 수많은 관계 속에서 크고 작은 갈등을 겪습니다. 사소한 오해와 의도치 않은 실수들이 때로는 깊은 상처를 남기기도 하죠. 하지만 모든 상처가 시간이 지난다고 저절로 아무는 것은 아닙니다. 제때 풀지 못한 감정의 매듭은 결국 관계를 끊어내는 날카로운 칼날이 될 수도 있습니다.

어른이 된다고 해서 완벽해지는 것은 아닙니다. 우리는 여전히 실수하고, 잘못을 저지르고, 타인에게 상처를 줍니다. 하지만 '어른'이라는 이유로, 혹은 자존심과 체면 때문에 사과를 회피하는 경우가 얼마나 많습니까? "내가 왜 사과해야 하지?"라는 생각이 머릿속을 맴돌며 자존심을 건드립니다. 하지만 내가 실수했다면, 마찰이 있었다면, 사과로 푸는 것, 잘못을 빌고 용서를 구하는 것은 결코 부끄러운 일이 아닙니다.

사실, 우리는 사과에 대해 제대로 배운 적이 있을까요? 가만 보면 아이일 때부터 어른이 되고서도, 사과는 그저 "미안해."라는 말을 먼저 하는 사람이 지는 것이라고 배우는 것 같습니다. 학교에서는 사회성을 배운다고 하지만, 잘못의 기준을 모르는 아이들은 "네가 먼저 사과해.", "잘못한 사람이 사과하는 거야."라는 말만 앵무새처럼 따라 합니다. 어른이 되어서도 마찬가지입니다. 필요한 기술과 교육은 배우지만, 정작 '사과'라는 중요한 인간관계 기술은 뒷전으로 밀려나 있습니다.

사과의 시작은 '실수'와 '다름'에서 오는 크고 작은 마찰을 인정하는 데에서 시작하는 것 아닐까요? 하지만 대부분 사과할 일을 만들고 나서야 사과를 하지 않거나, 또는 그제야 사과하라고 부추기는 경우가 많습니다. 뭐든 잘하고 좋은 부분만 강조하는 현실 속에서, 우리는 '잘못'과 '실수'를 인정하는 법을 배우지 못했습니다. 그렇기 때문에 사과 앞에서 작아지고 망설이는 것은 아닐까요?

요즘 들어 '사과'의 중요성이 더욱 크게 느껴집니다. 어른들뿐만 아니라 아이들 사이에서도 학교 폭력, 따돌림 등 관계 단절로 인한 문제들이 심각해지고 있습니다. 어쩌면 이는 어른들이 부추긴 결과일지도 모릅니다. 아이들은 어른들의 행동을 보고 배우기 때문입니다. 우리 사회에 만연한 사과하지 않는 문화, 책임 회피, 형식적인 사과는 아이들에게 그릇된 사과의 방식을 가르치고, 결국 또 다른 갈등을 낳는 악순환으로 이어집니다. 단순히 어른들에게만 사과가 필요한 것이 아니라 아이들에게도 사과의 중요성을 가르쳐야 하는 이유입니다.

제가 이 글을 써야겠다고 결심한 이유는 바로 여기에 있습니다. 사과로 풀 수 있는 크고 작은 문제들이 도처에 만연해 있기 때문입니다. 여전히 어른이 되고 수많은 갈등과 마주하며, '사과' 한마디면 풀 수 있는 문제들이 얼마나 많은지 절실히 느꼈습니다. 하지만 현실은 어떨까요? 직장에서 수많은 교육을 운영해 봤지만, 대부분의 교육은 직원의 역량 향상, 조직 문화 개선에 초점이 맞춰져 있습니다. 물론 중요한 부분입니다.

하지만 직장도 결국 사람 사이의 일입니다. 그런데도 여전히 이 사이에서 일어날 실수나 마찰에 대해 언급하거나 현명한 대처를 알려주는 곳은 없는 것 같습니다. 사건이 터지면 (직장 내 괴롭힘, 성희롱, 갑질 등) 그제서야 법정 필수 교육을 운영하지만, 그게 정말 대처가 되고 수습이 될까요? 직장에서 그런 일을 당한 피해자의 개인적인 케어는 어떻게 해야 할까요? 진정한 사과와 용서를 통한 관계 회복은 뒷전으로 밀려나고, 형식적인 절차와 법적 책임 소재에만 매달리는 것은 아닐까요?

인간관계에서 갈등이 생기면 아이들은 "미안해." 한마디로 쉽게 화해합니다. 하지만 어른들은 다릅니다. 안 보면 그만인 관계라면 모르겠지만, 얽히고설킨 이해관계 속에서 사과는 쉽게 꺼낼 수 없는 말이 되어버립니다. 회사에서는 직책이 곧 갑이 되고 상사의 사과는 곧 자신의 권위를 내려놓는 것처럼 느껴 지기도 합니다. "내가 왜 사과해야 하지?"라는 생각이 머릿속을 맴돌며 자존심을 건드립니다. 고객센터에서는 늘 매뉴얼대로, 영혼 없이 응대합니다. 진심 어린 사과보다는 회사의 방침을 앞세우는 경우가 더 많습니다.

어른들의 세상에서 사과는 단순히 "미안해." 한마디로 끝나지 않습니다. 때로는 자존심, 체면, 책임감, 그리고 복잡한 이해관계까지 얽혀 풀기 어려운 숙제가 되어버립니다. 왜 어른들은 사과 앞에서 작아지는 걸까요? 어른의 사과는 왜 이렇게 어려운 걸까요?

2

사과,
가장 어른스러운 용기

아이들은 싸우고 나서도 금세 화해합니다. "미안해." 한마디면 모든 게 해결되죠. 하지만 어른들은 다릅니다. 사소한 일에도 "미안해." 한마디 하기가 왜 그렇게 힘든 걸까요? 괜히 자존심이 상하고, 체면이 구겨지는 것 같아 "미안해."라는 말을 꿀꺽 삼켜버립니다. 마치 쓴 약을 억지로 삼키는 것처럼 말이죠.

사과가 부끄러운 것은 아닙니다. 우리가 진정 부끄러워해야 할 것은 사과가 아니라, 사과를 하지 않는 것입니다. 실수를 하고 상처를 주고 잘못을 한 그 행위 자체는 부끄러운 일일 수 있습니다. 하지만 그러한 잘못을 인정하고 용서를 구하는 '사과'는 오히려 가장 용기 있고 책임감 있는 행동입니다. 자신의 불완전함을 솔직하게 드러내고 더 나은 관계를 위해 노력하는 모습, 그것이야말로 진정한 용기이며 어른스러움입니다.

누구나 갈등을 싫어하고, 실수를 후회하며, 불편한 관계를 원하지 않습니다. 하지만 사과를 회피하고 외면하는 것은 문제 해결을 더디게 하고, 오히려 자신을 고립시키는 결과를 낳습니다. 직장에서의 작은 실수로 동료에게 피해를 주었을 때, 친구와의 오해로 서로에게 상처를 주었을 때, 가족 간의 사소한 다툼으로 마음의 거리가 멀어졌을 때⋯ 이럴 때 진정으로 편안한 마음과 관계를 원한다면, 용기를 내어 진심을 담은 사과를 건네야 합니다.

아이들은 순수한 마음에서 쉽게 사과하지만 어른들은 다릅니다. 어른들의 사과는 단순히 "미안해."라는 말을 넘어, 자신의 행동에 책임을 지고 관계를 회복하려는 노력까지 포함됩니다. 때로는 자존심과 체면을 내려놓아야 하고, 상대방의 분노와 실망에 맞서야 할 수도 있습니다. 상처받은 마음을 어루만지고, 진심으로 관계 개선을 위해 노력하는 것, 이것이 바로 어른의 사과에 필요한 용기입니다.

사과하지 못하고 괴로워하는 어른들을 봅니다. 마음의 문을 닫고, 죄책감과 후회에 갇혀 괴로워합니다. 사과를 미루는 동안 마음속에는 '외상'이라는 깊은 상처가 생깁니다. 마치 발목에 무거운 쇠사슬을 차고 있는 것처럼, 옴짝달싹 못하게 됩니다. 이러한 고통은 밤잠을 설치게 하는 악몽, 사소한 일에도 쉽게 흥분하는 예민함, 과거의 상처를 끊임없이 떠올리게 하는 플래시백 등 외상 후 스트레스 장애(PTSD)와 유사한 증상으로 나타나기도 합니다. 결국 우울증, 대인기피증, 불안 장애 등의 심리적 문제를 겪게 될 뿐만 아니라, 심각한 경우 신체적인 질병으로까지 이어질 수 있습니다. 마음의 상처는 눈에 보이지 않지만 그 고통은 실로 엄청납니다.

사과를 받지 못해 아픈 어른들도 봅니다. 상대방의 사과를 받아들이지 못하고, 과거의 상처에 갇혀 용서를 거부합니다. 용서하지 못하는 마음은 마음속에 깊은 상처를 남기고 관계 회복을 가로막는 벽이 됩니다. 심리학자들은 용서를 '자신과 상대방 모두를 위한 선물'이라고 말합니다. 용서는 과거의 아픔에서 벗어나 새로운 시작을 가능하게 합니다. 하지만 용서는 결코 쉬운 일이 아닙니다. 깊은 상처와 믿음의 배신, 그리고 정의롭지 못한 현실에 맞서야 하기 때문입니다.

사과는 생각처럼 그렇게 어려운 일이 아닙니다. 사과는 그저 내 마음을 전달하는 언어일 뿐이죠. "내가 당신의 마음을 아프게 해서 미안해요. 내가 실수했어요. 우리 관계를 다시 회복하고 싶어요." 이렇게 솔직한 마음을 표현하는 것, 그것이 바로 사과입니다.

혹시 완벽해야 한다는 강박, 실수를 인정하는 것에 대한 두려움, 혹은 상대방의 반응에 대한 걱정 때문에 사과를 망설이고 있는 것은 아닌가요? 사과를 하면 내가 약해 보일까 봐, 혹은 상대방이 나를 얕볼까 봐 두려운 마음이 드는 것은 당연합니다. 하지만 진정한 강함은 자신의 약점을 인정하고 용기 있게 사과할 수 있는 데에서 나옵니다.

어른의 사과는 대물림됩니다. 어른이 사과하는 방식, 갈등을 해결하는 모습, 그리고 타인과 소통하는 태도는 결국 사회의 모습이 되고, 다음 세대에게 고스란히 전해집니다. 안타깝게도 우리 사회에는 진심 어린 사과보다는 형식적인 사과, 변명, 책임 회피가 만연합니다. 윗사람이 아랫사람에게 사과하는 것을 어려워하고 잘못을 인정하기보다 변명하기 급급한 모습들을 우리 주변에서 쉽게 볼 수 있습니다.

아이들은 어른들의 행동을 보고 배우며 성장합니다. 어른들이 솔직하게 자신의 잘못을 인정하고 사과하는 모습을 보여줄 때, 아이들도 자연스럽게 사과하는 법을 배우고, 진정한 용기와 책임감이 무엇인지 깨닫게 됩니다. 어른들이 사과를 부끄러워하지 않고, 오히려 성숙한 소통 방식으로 여길 때, 아이들 또한 사과를 통해 건강한 관계를 맺는 법을 배우며 더 나은 세상을 만들어갈 수 있을 것입니다.

사과는 우리가 잊고 있던 가장 '나다운 말'입니다. 하지만 '나다운 말'일수록 진심을 담아야 하기에 더 무겁고 용기가 필요합니다. 사과는 어쩌면 더 특별한 용기가 필요할지도 모릅니다. 자신의 잘못을 인정하고, 상대방의 마음을 헤아리고, 진심으로 용서를 구하는 일. 이 모든 과정에는 솔직함과 용기, 그리고 진정한 성찰이 필요합니다.

이 책은 "미안해."라는 말 앞에서 주저하는 어른들에게 '사과 용기'를 선물하고 어른의 지혜가 담긴 사과의 기술을 알려줍니다. 사과의 진정한 의미를 깨닫고 다양한 상황에서 자신에게 맞는 사과 방법을 찾을 수 있도록 도와줄 것입니다. 또한 사과를 통해 자신을 돌아보고 성장하며, 더 나은 관계를 만들어갈 수 있도록 안내할 것입니다.

"미안해."라는 말, 오늘 당신은 누구에게 전하고 싶나요?

사과 용기는 '사과를 담는 그릇'입니다. 하지만 단순히 "미안해."라는 말만 담는 것은 아니죠. 진심을 담아 전달해야 비로소 상대방의 마음을 움직일 수 있습니다. 마치 넘어져 무릎이 까졌을 때, 빨간약을 바르는 것과 같아요. 따끔거리고 아프지만, 꾹 참고 바르면 상처가 아물고 새살이 돋아나잖아요? 사과도 마찬가지입니다. 진심을 담아 제대로 전달해야 상처받은 마음이 치유되고 관계가 회복될 수 있습니다.

사과 용기에 담긴 진심은 마치 빨간약이 상처를 아물게 하듯, 상대방의 마음을 치유하는 힘을 지닙니다. 하지만 빨간약을 함부로 바르면 오히려 상처가 덧나고 흉터가 남을 수 있듯, 사과도 제대로 하지 않으면 오히려 독이 될 수 있습니다.

진정한 사과 용기란 무엇일까요? 단순히 "미안해."라는 말을 뱉는 것이 아니라 **인정, 공감, 변화, 이 세 가지를 담아야 비로소 마법의 빨간약이 됩니다.** 마치 빨간약의 효능을 높이는 특별한 성분처럼, 이 세 가지는 진심을 전달하고 상처를 치유하는 데 필수적인 요소입니다.

하지만 우리는 종종 사과 용기에 자기변명, 회피, 책임 전가와 같은 엉뚱한 것들을 담아 전달하곤 합니다. 마치 깨끗하게 소독해야 할 상처에 흙을 뿌리는 것과 같은 행동이죠. 이런 것들은 빨간약의 효과를 떨어뜨리는 불순물과 같아서 오히려 상처를 악화시키고 관계 회복을 더욱 어렵게 만듭니다. 진정한 사과 용기를 사용하는 방법을 알아볼까요?

"네가 얼마나 힘들었을지 생각하니 마음이 아파."

공감
따뜻하게 감싸는 용기

"미안해. 내가 부족했어. 너의 마음을 몰라주고 함부로 말해서 정말 미안해."

인정
솔직하게 드러내는 용기

"앞으로는 네 말을 더 주의 깊게 듣고, 너의 마음을 먼저 생각할게."

변화
새롭게 나아가는 용기

사과 용기
사과 전용 그릇

사과 용기에는 인정, 공감, 변화 세 가지만 넣어주세요.
당신이 전한 사과가 마음의 빨간약이 되어줄 거예요.
※ 주의: 변명, 합리화, 책임 회피를 넣은 사과는 상대가 거부할 수 있어요.

인정: 솔직하게 드러내는 용기 마치 빨간약을 바르기 전에 상처 부위를 깨끗하게 소독하는 것처럼, 내가 무엇을 잘못했는지 솔직하게 인정해야 합니다. "내가 너의 마음을 몰라주고 함부로 말해서 정말 미안해."처럼 구체적으로 어떤 점을 잘못했는지 말하는 것이 좋습니다. 있는 그대로의 자신을 드러내고 잘못을 인정하는 것, 그것이 바로 용기의 시작입니다.

공감: 따뜻하게 감싸는 용기 내 행동이 상대방에게 어떤 상처를 주었는지, 상대방이 지금 어떤 마음일지 깊이 헤아려야 합니다. 마치 빨간약을 바를 때 아플까봐 조심스럽게 바르는 것처럼, 상대방의 마음을 배려하는 것이 중요합니다. "네가 내 말에 얼마나 실망했을지 상상도 안 돼."와 같이 상대방의 감정에 공감하는 모습을 보여주는 것이 좋습니다. 상대방의 입장에서 생각하고, 그 아픔을 함께 느끼려는 마음, 그것이 바로 진정한 용기입니다.

변화: 새롭게 나아가는 용기 말뿐인 사과가 아니라, 실제로 변화된 모습을 보여주어야 합니다. 마치 새살이 돋아나 흉터가 없어지듯, 새로운 모습으로 상대방에게 다가가야 합니다. "앞으로는 네 말을 더 주의 깊게 듣고, 너의 마음을 먼저 생각할게."와 같이 구체적인 행동 변화를 약속하는 것이 중요합니다. 과거에 머무르지 않고, 더 나은 미래를 향해 나아가는 것, 그것이 바로 용기 있는 변화입니다.

'사과 용기'는 타고나는 것이 아니라 꾸준한 연습을 통해 키울 수 있습니다. 마치 근육을 키우듯, 꾸준히 단련하면 더욱 강해지고 단단해집니다. 이 책을 통해 '사과 용기'를 키우는 다양한 방법을 배우고 실생활에 적용해 보세요. 당신의 삶은 더욱 풍요로워지고, 관계는 더욱 건강해질 것입니다.

어른의 사과는 아직도 턱없이 부족합니다. 사과 용기, 마음의 빨간약을 잘 바르는 것만큼 중요한 것이 있습니다. 바로 사과를 받아야 할 사람들이 제대로 사과를 받고 있는지 살펴보는 것입니다. 안타깝게도 우리 사회에는 진정한 사과를 받지 못하고 마음속에 깊은 상처를 안고 살아가는 사람들이 너무나 많습니다.

'사과받지 못한 사람들'. 그들은 마치 보이지 않는 상처를 입은 채 살아가는 투명 인간과 같습니다. 그들의 아픔은 쉽게 드러나지 않지만 그 고통은 상상 이상으로 큽니다. 직장 내 괴롭힘, 학교 폭력, 데이트 폭력, 가정 폭력, 사이버 폭력… 우리 사회 곳곳에서 사과가 필요한 상황들이 발생하고 있지만, 어른들의 진정한 사과는 턱없이 부족합니다.

한국형사정책연구원의 2021년 범죄피해 실태조사에 따르면 범죄 피해자 중 약 30%만이 가해자로부터 사과를 받았다고 답했습니다. 특히 폭력 범죄 피해자의 경우 사과를 받은 비율은 10%에도 미치지 못했습니다. 직장 내 괴롭힘도 마찬가지입니다. 국가인권위원회의 2022년 조사에 따르면 직장인 10명 중 8명이 직장 내 괴롭힘을 경험했지만, 그중 78.5%는 가해자로부터 진정한 사과를 받지 못했습니다. 더 심각한 것은 고용노동부 통계에 따르면 직장 내 괴롭힘 신고 건수가 2020년 4,128건에서 2022년 7,354건으로 2년 만에 무려 78%나 증가했다는 것입니다.

이처럼 사과는 턱없이 부족하고, 피해는 점점 늘어나고 있습니다. 어른들은 자신의 행동에 책임을 지지 않고, "미안하다."는 말 한마디로 모든 것을 덮으려 합니다. 사과받지 못한 사람들은 마치 가시 돋친 고슴도치처럼 스스로를 방어하며 살아갑니다. 그 상처는 불안, 분노, 우울증 등 다양한 형태로 나타나 개인의 삶을 짓누르고, 사회 전체의 불행으로 이어집니다. 사과의 부재는 개인의 문제를 넘어 사회 전체의 신뢰를 무너뜨리고 갈등을 심화시키는 원인이 됩니다.

우리 사회의 숨겨진 상처, 사과의 부재. 우리는 이제 무엇을 해야 할까요? 단순히 "미안해."라는 말을 하는 것을 넘어 진심으로 상대방의 마음을 헤아리고 관계 회복을 위해 노력하는 '사과 용기'가 필요합니다. 사과 용기는 개인의 행복뿐만 아니라 사회 전체의 건강을 위해서도 꼭 필요한 덕목입니다.

기억하세요. 사과를 통해 누군가의 마음을 치료할 수 있습니다. 사과는 단순히 잘못을 인정하는 행위를 넘어 상처 입은 마음을 어루만지고 관계를 회복하는 힘을 지니고 있습니다. '사과 용기'를 갖고 진심으로 사과할 때 우리는 더 나은 관계를 만들어갈 뿐만 아니라 스스로도 성장할 수 있습니다.

목차

3장 마음의 문을 닫는 사람들 🌿

4장 사과 앞에서 나를 드러내는 용기 🌿

5장 사과는 결코 가볍지 않아요 🌿

6장 사과를 무기로 쓰는 사람들 🌿

1장

어른의 사과는
다를 줄 알았어요

1

어른에게 사과는
본능이 아닌 결정이에요

장난감을 가지고 놀던 두 아이가 있습니다. 한 아이가 다른 아이의 장난감을 빼앗으려다 실수로 망가뜨렸습니다. 그러자 장난감을 뺏긴 아이는 울음을 터뜨렸고, 망가뜨린 아이는 당황하며 "미안해, 내가 너무 세게 잡아당겼나 봐."라고 사과합니다. 아이들은 이처럼 순수한 마음으로 쉽게 사과를 합니다. 하지만 어른이 되면 "미안해."라는 말 한마디를 꺼내기까지 수많은 생각과 감정들이 머릿속을 스쳐 지나가죠.

왜 어른들의 사과는 이렇게 복잡할까요?

어른의 사과는 단순히 감정적인 반응이 아니라 이성적인 판단과 결정의 과정을 거치기 때문입니다. 아이들은 "잘못했어!"라는 말이 곧바로 튀어나오지만, 어른들은 그렇지 않아요. 마치 컴퓨터 프로그램처럼 어른의 뇌는 실수를 인지하고, 그에 따른 책임감을 느끼며, 관계를 고려하여 사과를 할지 말지 결정합니다. 이처럼 복잡한 과정을 거쳐야 하기에 어른의 사과는 쉽지 않습니다.

먼저, 실수를 인지합니다.

아이들은 넘어져 무릎이 까이면 "아야!" 하고 울면서 본능적으로 고통을 표현합니다. 하지만 어른들은 넘어지더라도 "아, 왜 이렇게 칠칠맞지 못하지? 창피하게…."와 같이 다양한 생각을 먼저 하게 됩니다. 즉, 실수를 인지하는 단계에서부터 이미 복잡한 생각들이 시작되는 것이죠.

"내가 왜 이런 실수를 했을까?", "내 잘못인가? 아니면 다른 사람 때문인가?", "이 실수로 인해 어떤 결과가 초래될까?"와 같이 마치 컴퓨터에 입력된 데이터를 분석하는 것처럼, 어른들은 자신의 실수를 분석하고 평가합니다.

특히, 자신의 지위나 사회적 역할에 따라 책임감의 무게가 달라지기 때문에 더욱 신중하게 생각하게 됩니다. 예를 들어 팀 프로젝트에서 실수를 저지른 팀장은 팀원들에게 사과해야 할 뿐만 아니라, 상사에게도 보고하고 책임을 져야 한다는 부담감을 느낄 수 있죠.

자존심, 체면, 책임감 등 수많은 생각이 머릿속을 가득 채웁니다.

"내가 왜 사과를 해야 하지?", "내가 먼저 사과하면 왠지 지는 것 같잖아?", "사과를 하면 내 지위가 흔들리지는 않을까?" 심지어 "사과를 했는데 상대방이 받아들이지 않으면 어떡하지?"와 같은 걱정까지 하게 됩니다.

이성적인 판단을 하고 사과할지 말지 결정합니다.

심리학자 레온 페스팅거는 사람들이 자신의 신념이나 가치관과 상반되는 행동을 했을 때 심리적인 불편함, 즉 인지 부조화를 느낀다고 주장했습니다. 예를 들어 평소 '나는 능력 있는 사람이다.'라고 생각하는 사람이 업무에서 큰 실수를 저질렀을 때 심리적인 불편함을 느끼게 되는 거죠. 이 불편함을 해소하기 위해 자신의 행동을 정당화하려고 애쓰기도 하고, "내가 그럴 만한 이유가 있었어."라며 스스로를 합리화하기도 합니다.

사과는 이러한 인지 부조화를 해소하는 방법 중 하나입니다. 자신의 잘못된 행동을 인정하고 사과함으로써 심리적인 안정감을 얻을 수 있습니다. 하지만 사과를 하면 자존심이 상하거나, 권위가 실추될 수도 있다는 생각에 망설이게 됩니다.

즉, 어른들은 사과를 할지 말지 결정하는 과정에서 이성적인 판단을 통해 이득과 손실을 따져보게 됩니다. "사과를 하는 것이 나에게 더 큰 손해를 가져올까?"라는 질문에 "예."라고 답할 때 사과를 망설이게 되는 것입니다. 반대로 사과를 통해 얻을 수 있는 이점, 예를 들어 관계 개선이나 갈등 해결 등이 더 크다고 판단될 때 사과로 이어지는 결정과 행동이 더 빨라지기도 합니다.

감정적인 어려움도 겪습니다.

이성적으로는 사과해야 한다는 것을 알면서도, 수치심, 죄책감, 두려움 등 복잡한 감정에 휩싸여 망설이기도 합니다. 예를 들어, 자신이 저지른 실수로 인해 회사 동료가 힘든 상황에 처했다면 죄책감 때문에 사과를 꺼내기가 쉽지 않을 것입니다. 또한 사과를 했는데 상대방이 용서하지 않거나, 오히려 비난할까 봐 두려움을 느낄 수도 있습니다. 이러한 감정들은 사과를 더욱 어렵게 만들기도 하죠.

행동으로 옮기기 위해 용기도 필요합니다.

사과를 결정했다면 이제 행동으로 옮겨야 합니다. 하지만 어른들은 사과하는 방법에도 많은 고민을 합니다. 직접 만나서 사과해야 할지, 전화나 문자로 사과해야 할지, 아니면 편지를 써야 할지, 어떤 말로 사과해야 할지 등을 고려해야 합니다.

또한, 상황에 따라 사과와 함께 구체적인 해결 방안을 제시해야 할 수도 있습니다. 예를 들어, 회사에서 중요한 발표를 망쳤다면, 단순히 "죄송합니다."라고 말하는 것보다 "제가 발표 준비가 미흡했습니다. 다음부터는 이런 일이 없도록 철저히 준비하겠습니다."와 같이 구체적인 개선 의지를 밝히는 것이 더 효과적입니다. 이처럼 어른들의 사과는 단순한 행동이 아니라 상황과 관계를 고려한 전략적인 행동이라고 할 수 있습니다.

결국 어른들의 사과는 복잡한 심리적 과정을 거쳐 이루어지는 결정입니다. 인지, 생각, 판단, 감정, 행동 등 다양한 요소가 사과에 영향을 미칩니다. 어른들은 이러한 요소들을 종합적으로 고려하여 사과를 할지 말지, 어떻게 사과할지 결정합니다. 특히 지위나 사회적 역할이 높을수록 사과는 더욱 어려운 결정이 됩니다.

이렇게 탄생한 사과는 내가 결정했다고 해서 끝나는 것이 아닙니다.

내 사과를 상대방이 받아줄지 화해로 이어질지는 알 수 없습니다. 사과는 단지 시작일 뿐입니다. 상대방의 마음, 상황, 그리고 시간이라는 요소들이 사과가 화해로 이어지는 데 영향을 미칩니다.

하지만 그렇다고 해서 사과를 포기해서는 안 됩니다. '될 대로 되라.'는 식으로 방치하는 것보다는 '일단 해보고 후회하는 것이 낫다.'는 말처럼 용기를 내어 사과하는 것이 좋습니다. 실제로 관계 회복을 위해서는 사과하는 것만큼 직접적이면서 적극적으로 관계 회복의 의사를 밝히는 수단은 없으니까요. 사과는 상대방에게 '나는 당신과의 관계를 소중하게 생각하고 있으며, 관계 개선을 위해 노력할 준비가 되어 있다.'는 메시지를 전달하는 가장 강력한 방법입니다.

어른들의 사과는 수많은 고민과 갈등 끝에 내린 용기 있는 결정입니다.
그렇기에 어른의 사과는 더욱 무겁고, 아름답습니다.

'사과'에 대한 이모저모

인지 부조화 이론: 레온 페스팅거(Leon Festinger)가 1954년에 제시한 이론으로, 사람들은 자신의 신념이나 가치관과 상반되는 행동을 했을 때 심리적인 불편함, 즉 인지 부조화를 느낀다는 이론입니다. 사과는 이러한 인지 부조화를 해소하는 방법 중 하나가 될 수 있습니다. 자신의 잘못을 인정하고 사과함으로써 심리적인 안정감을 얻을 수 있지만, 자존심이나 권위 등을 고려하여 사과를 망설이는 경우도 있습니다. (출처: Festinger, L. (1954). A theory of social comparison processes. Human relations, 7(2), 117–140.)

2

사과를 보면
그 사람이 보여요

"미안해." 쉽게 내뱉는 말이지만, 그 말 한마디에 담긴 무게는 결코 가볍지 않죠. 넘어져 무릎이 까졌을 때, 친구와 싸워 마음이 상했을 때, "미안해." 한 마디면 모든 게 마법처럼 풀렸던 기억, 다들 있으실 겁니다. 마치 엄마의 따뜻한 포옹처럼, 친구의 환한 웃음처럼 말이에요.

그런데 어른이 되고 나니 왜 "미안해."라는 말이 이렇게 어렵고 어색하게 느껴지는 걸까요? 마치 맛있게 먹었던 사과의 맛을 갑자기 잊어버린 것처럼, 사과하는 방법 자체가 흐릿해진 기분입니다. 하지만 살다 보면 진심으로 사과를 받았음에도 개운하지 않거나, 오히려 관계가 더 멀어진 경험은 없으신가요? 마치 껍질만 번지르르한 사과를 받은 것처럼 말이죠.

사과의 핵심은 바로 '태도'에 있습니다.

똑같은 "미안해."라는 말이라도 어떤 태도로 전하느냐에 따라 그 무게는 천차만별로 달라집니다. 상대방의 마음을 헤아리고 진심으로 전하는 사과는 따스한 햇살처럼 관계를 녹이지만 형식적인 사과는 오히려 차가운 바람처럼 상처를 깊게 만들 수도 있습니다.

혹시 우리, 사과의 껍질만 붙잡고 있는 건 아닐까요?

빨갛고 탐스러운 사과, 한 입 베어 물면 달콤한 과즙이 입안 가득 퍼지잖아요. 그런데 어른이 되면서 우리는 껍질만 만지작거리고 정작 그 속에 담긴 진심은 잊고 지내는 것 같습니다. "미안해."라는 말은 껍질처럼 얇아지고, 그 안에 담겨야 할 진심은 말라버린 것 같습니다. 마치 햄버거에서 패티는 쏙 빼고 빵만 먹는 것처럼 '유감'이라는 빈 껍데기만 남발하고 있는 건 아닌지 걱정됩니다.

사과는 나의 언어가 아니라 상대방이 바라는 언어로 해야 합니다.

왜냐하면 사과는 이미 마음의 진 빚을 갚는 것이기 때문입니다. 상대방이 원하는 방식으로 진심을 담아 빚을 갚아야 진정한 사과가 이루어지는 것이죠. 마치 돈을 빌렸을 때 빌린 사람이 원하는 방식으로 갚아야 하는 것처럼 말입니다.

사과를 보면 결국 그 사람이 보입니다.

"미안해."라는 말 뒤에 숨은 의도, 표정, 행동 하나하나를 통해 우리는 그 사람의 진심을 엿볼 수 있습니다. 사과를 통해 또 자기 말만 늘어놓는 사람인지 아니면 진짜 진심을 전하려는 사람인지, 그 사람의 진면목이 드러나는 순간입니다.

어릴 적 우리는 사과의 맛을 제대로 알고 있었던 것 같아요. 진심으로 미안해하고, 용서를 구하고, 다시 손잡고 웃는 법을 말이죠. 그런데 어른이 되면서 세상살이에 치여 씁쓸해진 탓일까요? 아니면 바쁘다는 핑계로 진심을 잊어버린 걸까요?

"고객님, 불편을 드려 죄송합니다."처럼 형식적인 사과에만 익숙해져 버린 건 아닐까요? 사실 우리는 사과하는 법을 완전히 잊어버린 게 아닙니다. 그저 삶의 어딘가에 묻어두고 꺼내지 않았을 뿐이죠. 마치 옷장 깊숙이 넣어둔 낡은 상자처럼 먼지 쌓인 기억 속에 사과의 진심이 숨겨져 있을지도 몰라요. 이제는 용기를 내어 그 상자를 열고 잊고 있던 사과의 달콤한 맛을 다시 떠올려야 합니다.

"담당 부서에 전달해서 개선하도록 노력하겠습니다."라는 말처럼 '노력'이라는 방패 뒤에 숨어 책임을 회피하는 대신, 진심으로 마주 보는 연습을 해야 해요. '다이어트는 내일부터'라는 말처럼 '개선'을 항상 미래로 미루는 대신, 지금 당장 행동으로 옮겨야 합니다.

어른이 된다는 건 "미안해."라는 말에 책임감을 더하는 것입니다.

단순히 말로만 끝내는 게 아니라, 진심으로 상대방의 마음을 헤아리고 행동으로 보여주는 거죠. "직장 내 괴롭힘 예방 교육을 철저히 시행하겠습니다."처럼 1년에 한 번 교육 듣는다고 갑자기 세상이 바뀌는 건 아니잖아요. 마치 감기 예방 주사 맞는다고 감기에 절대 안 걸리는 게 아닌 것처럼 말이죠. 진정한 변화를 위한 노력, 그것이 어른의 사과에 담겨야 할 진짜 모습입니다. "피해자에게 진심으로 사과드립니다."라고 말하면서도 속으로 "하지만…"이라고 변명하고 있는 건 아닌지, '반쪽짜리 사과'로 상대방에게 또 다른 상처를 주고 있는 건 아닌지 스스로에게 질문을 던져봐야 합니다.

"미안해."라는 말, 너무 쉽게 내뱉고 있지는 않나요?

마치 생각 없이 자동반사처럼 사과를 남발하는 건 아닌지 걱정됩니다. "죄송합니다.", "사과드립니다."처럼 좀 더 무게감 있는 표현이 필요한 순간에도 "미안해."라는 말만 툭 던지고 마는 건 아닌지 돌아봐야 합니다. 뉴스에서 '악어의 눈물'을 봅니다. SNS에서 '사과문 템플릿'을 봅니다. 조롱 섞인 댓글도 봅니다. 사과가 단순한 도구로 전락해버린 것 같아 안타까워요. 위기를 모면하기 위한 도구, 이미지를 관리하기 위한 도구 말이죠.

사회적 비교 이론에 따르면 사람들은 자신을 남들과 비교하며 자신의 가치를 판단합니다. 뉴스에서 '악어의 눈물' 같은 가짜 사과를 보고 SNS에서 '사과문 템플릿'과 조롱 섞인 댓글을 보면서, 사람들은 점점 사과를 진심이 아닌 도구로 여기게 되는 것 같습니다. "미안해."는 쉽습니다.

하지만 진짜 사과는 어렵죠. 2023년 한국리서치 설문 조사 결과를 보면, 응답자의 92%가 '진심 어린 사과'가 관계 개선에 도움이 된다고 답했고, 78%는 사과를 통해 갈등을 해결한 경험이 있다고 답했습니다. 하지만 안타깝게도 현실에서는 "미안해."라는 말이 너무 쉽게, 그리고 가볍게 쓰이고 있는 것 같아요. 진정한 의미가 점점 퇴색되어 가는 건 아닐까요? 사과하기 전에 스스로에게 질문을 던져보세요. "나는 상대방의 마음을 진짜 이해하고 있을까?", "내 잘못으로 상대방이 얼마나 상처받았을까?" 진정한 사과는 바로 이런 공감에서 시작됩니다.

내가 하는 사과가 나를 보여주기도 해요. 그래서 우리는 제대로 된 무게로 말해야 합니다.

'사과'에 대한 이모저모

사회적 비교 이론: 레온 페스팅거(Leon Festinger)가 1954년에 처음 제안한 이론으로, 사람들은 자신을 다른 사람과 비교하여 자신의 가치를 판단한다는 이론입니다. 사과에 있어서 사람들은 타인의 사과를 보며 자신의 사과를 비교하고, '진정한 사과'란 무엇인지 고민하게 됩니다. (출처: Festinger, L. (1954). A theory of social comparison processes. Human relations, 7(2), 117–140.)

3

진심을 담으려면
시간이 필요해요

　중요한 회의에서 발표 자료를 깜빡 잊고 허둥지둥하며 "죄송합니다."를 연발했던 경험, 한 번쯤 있으시죠? 그런데 상대방은 당신의 당황한 모습에 오히려 더 화가 났을지도 몰라요. 진심으로 반성하는 모습은 보이지 않고 그저 상황을 모면하려는 것처럼 느껴졌기 때문일 거예요. 진심을 담으려면 시간이 필요합니다.

　홧김에 친구에게 심한 말을 내뱉었던 적, 있으신가요? 곧바로 후회하며 사과했지만 친구는 당신의 사과를 쉽게 받아들이지 않았을 수도 있어요. 아직 화가 가라앉지 않고 당신의 진심을 의심했기 때문이겠죠.

　우리는 '빨리빨리'에 익숙해요. 컵라면은 3분, 택배는 하루 만에 도착하고 정보는 클릭 한 번이면 얻을 수 있죠. 하지만 관계는 다릅니다. 인스턴트 음식처럼 빠르게 조리되지 않아요. 택배처럼 정확한 시간에 배달되지도 않습니다. 사과도 마찬가지예요.

　"미안해."라는 말은 쉽습니다. 하지만 진심을 담으려면 시간이 필요해요.

　상처 입은 마음은 3분 만에 치유되지 않아요. 하루 만에 아물지도 않습니다. 상처 입은 마음은 느리게 걷습니다. 깊은 상처일수록 더욱 그렇죠. 조급한 마음에 빠르게 사과해도 소용없습니다. 상대방은 따라잡지 못해요. 오히려 조급함이 압박으로 느껴질 수 있습니다. '빨리 털고 넘어가자.'는 압박 말이에요. 결국 마음의 문을 닫아버릴지도 모릅니다.

"괜찮아."라는 말, 진짜 의미는 무엇일까요?

단순히 상황을 넘기려는 의도일 수도 있고 진심으로 이해하고 용서하는 마음일 수도 있습니다. 때로는 화를 참고 있다는 의미일 수도 있고 실망했지만 더 이상 문제 삼고 싶지 않다는 의미일 수도 있어요. 표정, 말투, 몸짓을 살펴보세요. 진짜 괜찮은지, 다른 감정을 숨기고 있는지 파악해야 합니다.

진심으로 용서했다면 "괜찮아."라고 말하는 것만으로는 부족합니다.

구체적인 행동으로 보여줘야 합니다. "괜찮아, 하지만 다음부터는 조심해줘."처럼 솔직한 감정을 표현해 보세요. "괜찮아, 네가 얼마나 힘들었을지 이해해."처럼 공감하는 모습을 보여주는 것도 좋습니다. "괜찮아. 우리 이제 잊고 즐겁게 놀자!"처럼 관계 개선을 위한 노력을 보여주는 건 어떨까요?

사과는 속도 조절입니다. 나와 상대의 속도 차이를 알아야 합니다.

진정한 사과는 상대방의 마음을 움직이는 일입니다. 단순히 내 마음의 짐을 덜어내는 것이 아니에요. 아무리 빨리 사과하고 싶어도 상대방이 준비되지 않았다면 소용없습니다. 그저 소음일 뿐입니다.

기다려야 합니다.

상대방의 감정이 가라앉을 때까지 기다리세요. 당신의 진심을 받아들일 마음의 여유가 생길 때까지 기다리세요. '급할수록 돌아가라.'는 말처럼 조급해하지 말고 기다리는 것이 진정한 사과의 시작입니다. 기다리는 동안 자신의 행동을 되돌아보세요. 상대방의 마음을 헤아려 보세요. 진정한 반성과 성장을 이루세요. 마치 씨앗이 땅속에서 깊이 뿌리를 내리는 것과 같습니다. 때를 기다려 꽃을 피우는 것처럼요.

심리학자들은 이를 '카이로스(Kairos)'라고 부릅니다. '카이로스'는 단순한 시간의 흐름이 아니라, '적절한 때'를 의미합니다. 진심 어린 사과는 기다림 속에서, '적절한 때'를 맞아 비로소 피어납니다. 천천히, 깊이 있게 피어납니다.

조급함을 내려놓으세요. 상대방의 마음이 당신에게로 향할 때까지 기다리세요. 그리고 진심을 담아 꾸준히 노력하세요. 그것이 진정한 사과입니다. 관계 회복의 시작입니다.

4

이해와 사과를
혼동하지 마세요

"아이가 아파서 밤새 칭얼거렸어요. 죄송합니다. 혹시 시끄러우셨나요? 최대한 조용히 하도록 노력할게요. 양해 부탁드립니다." 밤늦도록 이어지는 윗집의 발소리와 가구 끄는 소리에 밤새도록 뒤척이다 결국 잠들지 못한 당신은 윗집에 정중히 이야기해 봅니다. 윗집은 사과와 함께 상황 설명을 하고 당신의 이해를 구합니다. 아이가 아픈 건 어쩔 수 없는 일이고, 윗집도 최대한 노력하겠다고 하니 당신은 어느 정도 이해할 수 있을 것 같습니다.

"죄송하지만, 저희 쪽 문제는 아닌 것 같습니다." 인터넷이 갑자기 끊겨 고객센터에 전화했더니 돌아오는 건 책임 회피성 사과뿐. 분명 돈 내고 쓰는 서비스인데 왜 문제가 생길 때마다 내가 죄인이 된 기분일까요? 마치 내가 인터넷을 끊어 버린 것처럼 말이죠.

"아유, 미안해라. 내가 깜빡했어." 친구와의 약속 시간에 늦은 친구. 하지만 늦은 이유는 갑작스러운 사고 때문입니다. 누구도 예상치 못한 일인데 왜 친구는 미안하다며 안절부절못하는 걸까요? 마치 세상의 모든 잘못을 혼자 짊어진 것처럼 말입니다.

우리는 살면서 잘잘못을 명확히 가릴 수 없는 상황들을 자주 마주합니다.

하지만, 어느새 "미안해."라는 말을 남발하고 있지는 않나요? 마치 "미안해."가 모든 문제를 해결해 줄 마법의 주문처럼 말이죠. 하지만, "미안해."
는 만능 해결사가 아닙니다. 때로는 "미안해." 대신 "이해해 주세요."라는
말이 더 필요합니다.

이해와 사과, 이 두 가지를 혼동해서는 안 됩니다.

사과는 자신의 잘못을 인정하고 용서를 구하는 행위입니다. 반면, 이해는
상대방에게 상황을 설명하고 공감을 얻는 과정입니다. 이해를 구해야 하는
상황에서 사과를 하는 것은 문제 해결을 위한 진정한 소통을 방해할 수 있
습니다.

윗집 아이의 발소리에 밤잠을 설쳤을 때 "아이가 뛰는 소리 때문에 밤잠
을 설쳤어요. 아이가 뛰는 건 어쩔 수 없지만 혹시 매트를 깔아주시는 건 어
떨까요?"라고 구체적인 해결책을 제시하며 이해를 구해보는 건 어떨까요?
인터넷 장애 신고를 했을 때, "인터넷이 갑자기 끊겨서 너무 불편합니다. 빨
리 문제를 해결해 주세요."라고 요구하는 것이 더 적절할 수 있습니다. 친구
가 약속 시간에 늦었을 때, "갑작스러운 사고였다니 정말 안타깝다. 다음부
터는 늦을 것 같으면 미리 연락해 줘."라고 말하며 상황에 대한 이해를 표현
하는 것이 더 나을 수 있습니다.

"미안해."라는 말은 때로는 진심을 숨기는 가면이 됩니다.

자신의 진짜 감정을 숨기고, 책임을 회피하며, 상황을 모면하기 위한 수
단으로 전락할 수 있습니다. "미안해."라는 말 뒤에 숨어 진정한 소통을 피
하고 관계 개선을 위한 노력을 게을리하게 되는 것이죠. 습관적으로 사과
하는 것은 마치 진통제를 먹는 것과 같습니다. 잠시 고통을 잊게 해 줄 수는
있지만 근본적인 문제는 해결되지 않습니다.

"이해해 주세요."라는 말은 상대방과의 진솔한 소통을 위한 시작점이 될
수 있습니다.

자신의 상황과 감정을 솔직하게 표현하고 상대방의 공감을 얻는 과정을

통해 문제 해결을 위한 실마리를 찾을 수 있습니다. 또한, "이해해 주세요."라는 말은 상대방에게 비난이나 책임을 묻기보다는, 함께 문제를 해결하고자 하는 의지를 보여주는 표현이기도 합니다.

이해는 사과의 전제 조건이지만 사과 그 자체가 될 수는 없습니다. "미안해."라는 말에만 의존하지 않고, "이해해 주세요."라는 말을 통해 상대방에게 다가가는 용기를 내 주세요.

'사과'에 대한 이모저모

표현 규칙 이론: 사회언어학자인 수잔 어빈-트립(Susan Ervin-Tripp)이 제안한 이론으로, 특정 사회 또는 집단 내에서 언어적 표현 방식이 규칙에 의해 지배된다는 이론입니다. "미안해."라는 말을 남발하는 것은 사회적 규범이나 압력에 의해 사과를 해야 한다는 표현 규칙이 내면화되었기 때문일 수 있습니다. (출처: Ervin-Tripp, S. M. (1976). Is Sybil there? The structure of some American English directives. Language in society, 5(1), 25–66.)

5

'쿨'한 척, 진심을
숨기고 있지는 않나요?

"미안하다고? 왜 그렇게 쿨하지 못해?" 밤늦게까지 이어진 술자리. 다음 날 아침 숙취에 시달리며 휴대폰을 확인합니다. 밤새 흑역사를 생성했네요. 친구들에게 사과 메시지를 보내려다 멈칫합니다. '찌질해 보이면 어떡하지? 쿨하게 넘어가는 게 요즘 트렌드잖아요. 괜히 사과했다가 분위기를 망치는 건 아닐까 걱정됩니다.

중요한 프레젠테이션에서 실수를 연발했습니다. 팀원들에게 미안한 마음에 사과하려 하지만 팀장의 눈빛이 심상치 않습니다. "됐어, 다음부터 잘하면 되지. 뭘 그렇게 질질 끌어?" 사과는커녕 쿨하게 넘어가라는 압박입니다.

연인과의 사소한 다툼. 잘못은 분명 당신에게 있습니다. 하지만 먼저 사과하기는 자존심이 허락하지 않습니다. '쿨하게 넘어가면 상대도 알아서 풀겠지.' 하지만 시간이 지날수록 냉랭해지는 분위기. 결국, 먼저 연락하는 쪽은 '찌질이'가 되는 현실입니다.

사과는 이제 '쿨하지 못한' 행위라는 '찌질함'의 상징이 되어버렸습니다.

쿨하게 넘어가는 게 미덕인 세상이죠. 잘못을 인정하고 책임지는 모습은 '찌질함'이고 솔직한 감정 표현은 '오글거림'으로 치부됩니다. 진정한 쿨함이란 무엇일까요? 모두가 '쿨'한 척하지만 속마음은 다릅니다. 사과받고 싶고 용서받고 싶은 마음은 누구에게나 있습니다. 하지만 '쿨'해야 한다는 강박 때문에 솔직한 감정을 억누르고 진심을 외면하기도 합니다.

진정한 쿨함은 혼자만의 쿨함이 아닙니다.

나도, 너도, 우리 모두 함께 쿨해야 진짜 쿨한 거예요. 아직 사과를 하지 못했거나 사과를 받지 못해서 마음 한구석이 뜨뜨미지근하다면 그건 진정한 쿨함이 아닙니다. 쿨함의 성립 조건은 '쌍방향'입니다. 한쪽만 쿨하게 생각하는 건 쿨한 게 아니라 찌질한 거예요.

'쿨'하게 넘어가는 것이 멋있어 보일 수 있습니다. 하지만 그것은 나를 지키는 방법이 아닙니다. 억지로 눌러 담은 감정은 언젠가 터져 나옵니다. 곪아버린 상처는 더 큰 아픔을 남깁니다. 진심 없는 사과와 쉬운 용서는 마치 밑 빠진 독에 물 붓기와 같습니다. 아무리 노력해도 채워지지 않고 공허함만 남습니다.

"괜찮아."라는 말에도 무게가 있습니다.

가벼운 실수에는 "괜찮아."라는 말이 진심일 수 있지만 심각한 잘못이나 반복적인 실수에는 "괜찮아."라는 말 뒤에 다른 감정이 숨어 있을 수 있습니다. 분노, 슬픔, 좌절감 같은 감정들이요. 상황의 심각성과 상대방과의 관계를 고려해야 합니다.

"괜찮아."라는 말의 진짜 의미를 파악해야 합니다. 인간관계에서 갈등은 피할 수 없습니다. 갈등을 어떻게 해결하느냐에 따라 관계가 달라집니다. 심리학자들은 갈등 해결 방식을 5가지 유형으로 나눕니다. 경쟁형, 회피형, 순응형, 타협형, 협력형. '쿨한 척하며 사과를 회피하는 것은 회피형입니다. 회피형은 갈등 상황을 피하거나 미루는 방식입니다. 단기적으로는 마음이 편할 수 있지만, 장기적으로는 관계를 악화시킵니다.

'쿨'한 척하며 회피하는 건 해결책이 아니에요. 갈등은 마주 보고 풀어야지, 외면하면 관계만 망가집니다.

'사과'에 대한 이모저모

토마스-킬만 갈등 해결 방식: 켄(Ken Thomas)와 랄프 킬만(Ralph Kilmann)이 개발한 모델로, 갈등 상황에서 개인이 취하는 행동 방식을 5가지 유형으로 분류합니다. '쿨'한 척하며 사과를 회피하는 것은 회피형에 해당하며 이는 단기적으로는 편할 수 있지만 장기적으로 관계를 악화시킬 수 있습니다. (출처: Thomas, K. W., & Kilmann, R. H. (1974). Thomas-Kilmann conflict mode instrument.)

6

갈등은 누구도
원하지 않아요

출근길 만원 지하철에서 누군가의 팔꿈치에 옆구리가 쿡 찔립니다. 순간 불쾌한 감정이 스멀스멀 올라오지만 애써 무시하고 자리를 옮깁니다. 점심시간, 겨우 찾은 식당에서 좋아하는 메뉴를 주문했는데 옆 테이블 아이들의 웃음소리가 유난히 크게 들립니다. 인상이 찌푸려지지만 괜히 분위기를 망칠까 봐 모른 척 밥을 먹습니다. 퇴근 후 피곤한 몸을 이끌고 집에 돌아왔는데 배우자의 잔소리가 쏟아집니다. 하루 종일 쌓였던 피로에 짜증이 솟구치지만 싸우기 싫어 그냥 방으로 들어갑니다.

우리의 일상은 이처럼 크고 작은 갈등으로 채워져 있습니다. 누군가와 부딪히고 오해하고 의견이 충돌하는 건 어쩌면 삶의 자연스러운 모습일지도 모릅니다. 마치 햇살 아래 그림자가 드리워지듯 관계 속에서 갈등은 피할 수 없는 존재입니다. 우리는 살아가는 동안 수많은 사람과 만나고 관계를 맺으며 그 속에서 크고 작은 마찰을 경험합니다.

갈등은 서로 다른 생각과 마음이 만나 부딪히는 순간입니다.

마치 퍼즐 조각처럼, 각자의 모양과 색깔이 다르기에 맞춰지는 과정에서 부딪히고 깎이기도 합니다. 하지만 그 과정을 통해 비로소 퍼즐은 완성되고 아름다운 그림을 만들어냅니다. 갈등 또한 그렇습니다. 서로 다른 생각과 감정들이 충돌하고 조율되는 과정 속에서 우리는 성장하고, 관계는 더욱 단단해집니다.

물론 갈등은 불편합니다. 마치 가슴속에 돌멩이 하나를 품고 있는 것처럼 답답하고 무겁습니다. 하지만 이 돌멩이를 그대로 방치한다면 어떻게 될까요? 시간이 지날수록 돌멩이는 점점 커지고 무거워져 우리를 짓누를지도 모릅니다.

갈등을 바라는 사람은 아무도 없습니다.

갈등은 불편함, 긴장감, 분노 등의 감정을 불러일으키고 우리의 마음을 어지럽히고 관계를 해칩니다. 심하면 건강까지 해칠 수 있습니다. 누구도 이런 감정을 원하지 않습니다. 하지만 우리는 종종 잘잘못을 따지는 데 몰두한 나머지 갈등을 더 키우기도 합니다.

"내가 왜 사과해야 해?", "네가 먼저 잘못했잖아!"와 같은 말들을 주고받으며 서로의 자존심에 상처를 내고 감정의 골을 깊게 만듭니다. 작은 갈등이 눈덩이처럼 불어나 걷잡을 수 없는 큰 싸움으로 번지기도 합니다.

진정한 어른은 자신의 잘못을 인정하고 먼저 사과할 수 있는 사람입니다. 자신의 자존심보다 관계를 더 소중히 여기고, 불편한 감정을 해소하여 마음의 평화를 찾는 사람입니다. 사과는 단순히 잘못을 인정하는 행위를 넘어, 상대방에게 진심으로 다가가 관계를 회복하고자 하는 용기 있는 행동입니다.

어른들은 갈등을 해결할 수 있는 방법을 이미 알고 있습니다.

대화와 타협을 통해 서로의 마음을 풀어낼 수 있다는 것을 경험으로 알고 있습니다. 하지만 자존심, 체면, 두려움, 혹은 귀찮음 때문에 갈등을 외면하기도 합니다. 하지만 갈등을 외면한다고 해서 문제가 해결되는 것은 아닙니다. 오히려 문제는 더욱 깊어지고 관계는 회복 불가능한 상태가 될 수도 있습니다.

이때 사과는 가장 '나다운 말'이 될 수 있습니다.

누구나 관계에 있어서 진정한 소통과 이해를 갈망하지만 진심을 표현하기 어려울 때가 많습니다. 하지만 '나'를 숨기고 관계를 외면하는 것은 결국 '나'를 잃어버리는 길입니다. 내 마음속의 불편함을 제거하는 것뿐만 아니라 상대의 마음까지 헤아리는 용기, 그것이 바로 진정한 사과입니다.

사과는 자존심과 체면의 가면을 벗고 진정한 '나'를 드러내는 가장 용기 있는 행동입니다. 상대방에게 진심으로 다가가려는 노력, 그것이 바로 '나다운 사과'의 본질입니다. '나다운 사과'는 나의 진실된 모습을 보여주고 '나'의 관계를 지켜주며 궁극적으로 '나'를 성장시키는 가장 강력한 무기입니다.

사과는 정말 어른스럽고 위대한 언어입니다. 때로는 나를 위해, 그리고 우리를 위해 가장 먼저 손을 내밀어야 합니다. "미안해."라는 말 한마디가 닫혔던 마음의 문을 열고 새로운 시작을 가능하게 할 수 있습니다. 사과는 용기와 지혜를 필요로 하지만 그만큼 값진 결과를 가져다줍니다. 사과는 가장 나다운 말이에요. 내가 먼저 하는 사과로 이 관계가 얼마나 소중한지 내가 얼마나 아끼는지 전할 수 있습니다.

사과는 서로의 다름을 인정하는, 나다운 표현이에요. 서로 다른 생각과 마음을 온전히 이해할 때 비로소 전할 수 있는 진심, 그 자체입니다.

'사과'에 대한 이모저모

취약성 이론: 브레네 브라운(Brené Brown)이 주장한 이론으로 불확실성, 위험, 감정적 노출에 직면하는 것을 취약성으로 정의하고, 이를 수용하는 것이 진정한 자기 자신이 되는 데 필수적임을 강조합니다. 사과는 갈등으로 얽힌 감정을 풀어내고 관계를 회복하는 실마리를 제공합니다. 브라운은 이처럼 취약성에 맞서는 용기가 진정한 성장과 변화를 이끈다고 말합니다. (출처: Brown, B. (2012). Daring greatly: How the courage to be vulnerable transforms the way we live, love, parent, and lead. Gotham Books.)

2장

진심을 담으려면

1

상대방의 마음에
귀 기울이고 있나요?

매일 아침 함께 커피를 마시며 친하게 지내던 김 대리가 갑자기 눈도 마주치지 않고 인사도 하지 않습니다. 뭔가 심상치 않은 분위기에 용기를 내어 "내가 뭐 실수한 거 있으면 말해줘, 미안해."라고 말을 건넸습니다. 그런데 돌아오는 대답은 "그건 사과가 아니잖아요."… 뭐? 어떻게 해야 진짜 사과인 건데?

"내가 뭐 실수했으면 말해줘, 미안해."라는 말, 혹시 자주 하는 말은 아닌가요? 이 말은 자칫 상대방에게 '네가 예민한 거야.' 혹은 '내가 사과했으니 이제 네가 받아줘야지.'라는 뉘앙스를 풍길 수 있어 조심해야 합니다. 마치 상대방의 감정은 무시한 채, 내 입장만 생각하는 것처럼 들릴 수 있거든요.

진짜 사과를 하고 싶다면, 먼저 상대방의 마음에 귀 기울이고 공감하는 태도를 보여주는 게 중요합니다. "혹시 내가 한 말 때문에 기분이 상했니?", "내가 어떤 부분에서 실수를 했는지 말해줄 수 있겠니?"와 같이 상대방의 감정을 먼저 살피고, 구체적으로 어떤 부분에서 잘못했는지 인지하려는 노력이 필요합니다.

사과가 만연한 시대입니다.

식당이나 카페에 가면 괜히 눈치가 보입니다. 온갖 곳에 붙어 있는 '이 직원은 누군가의 소중한 가족입니다.' 팻말. 컴플레인 하려고 간 게 아닌데 괜히 주눅이 듭니다. 음식이 맛없어도, 서비스가 엉망이어도, 그냥 속으로 삼켜야 하는 건가요? 나는 그냥 밥 먹으러 왔을 뿐인데! SNS는 또 어떤가요? 사소한 말실수 하나에도 '사과해.' 댓글이 득달같이 달려듭니다. 뭐만 하면 사과하라고 난리입니다. 도대체 언제부터 세상이 이렇게 예민해진 걸까요?

뉴스를 봐도 마찬가지입니다. 정치인, 연예인 할 것 없이 조금만 삐끗하면 사과 기자회견이죠. 진심인지 아닌지는 모르겠지만 어쨌든 사과는 해야 하니까 그럴까요? 요즘 세상 조금만 불편해도 사과를 요구합니다. 습관처럼 튀어나오는 '사과'는 진심 없는 변명일 뿐 상처는 더 깊어집니다. 진짜 사과는커녕 가짜 사과만 난무하는 세상에서 이제 '진짜'를 찾아야 할 때입니다.

진짜 사과는 어렵습니다.

생각해보면 어릴 적, 우리는 사과를 주고받으며 자랐습니다. 형제자매와 싸우고 난 뒤 퉁퉁 부은 눈으로 "미안해."라고 말하며 어색하게 포옹하던 기억, 떠오르시나요? 그때의 사과는 서툴렀지만 따뜻했습니다. 서로의 마음을 읽고, 이해하고, 다시 손을 맞잡는 과정이었죠.

하지만 어른이 된 지금, 우리는 어떤가요? '받는 사과'에만 집착하는 모습을 발견하곤 합니다. 사과의 내용, 타이밍, 진정성까지 돋보기로 들여다보듯 꼼꼼하게 따지고 듭니다. 마치 흠집 하나 없는 완벽한 사과만을 받아야 직성이 풀리는 것처럼 말이죠. 조금만 불편해도 "사과해!"를 외치고, 상대방의 사과가 조금이라도 마음에 들지 않으면 "그건 사과가 아니잖아!"라고 날을 세웁니다.

사과는 내 마음대로 할 수 있는 게 아닙니다.

상대방이 진심으로 받아들일 수 있도록 그들이 원하는 것을 담아야 합니다. 마치 용기를 내어 그릇에 상대의 바람을 담아 건네는 것처럼 말이죠. 냉정하게 말해서 사과는 '나'를 위한 것이 아닙니다. 상대방을 위한 것입니다. 내가 아무리 잘못했다고 울고불고 빌어도, 상대방이 받아들이지 않으면 그

건 사과가 아닙니다. 그저 혼자 하는 쇼일 뿐입니다.

잊지 말아야 합니다. 언제나 내가 사과 받는 입장일 순 없습니다.

나도 누군가에게 상처를 줄 수 있고, 그때는 내가 사과를 해야 하는 입장이 됩니다. 그런데 받기만 했지 제대로 된 사과를 해본 적 없는 사람은 어떻게 사과해야 할지 막막합니다. 마치 낯선 외국어로 말을 건네야 하는 것처럼 어색하고 불편합니다.

사과는 일방통행이 아닙니다. 상대방 마음의 문을 두드리세요. '나'를 위한 사과가 아닌, '너'를 위한 공감입니다.

사과의 기술: 진심을 전하고 관계를 회복하는 3단계 프로세스

"미안해."라는 말, 참 쉽죠? 하지만 때로는 그 쉬운 세 글자로는 부족할 때가 있습니다. 사과가 어렵게 느껴지거나, "미안해." 외에 어떤 말을 해야 할지 막막하다면, 이제부터 소개하는 세 가지 단계를 기억해 보세요. 진심을 담아 전달하는 사과는 상처받은 마음을 어루만지고, 소중한 관계를 지켜줄 것입니다.

1단계: 사과의 시작 – 잘못 인정과 사과 의사 표현
상대방이 가장 기다리는 것은 내가 진심으로 잘못을 인정하고 미안해하는 마음입니다. "미안해."라는 말로 끝맺는 것이 아니라, **구체적인 잘못을 언급하며 사과 의사를 분명히 밝히는 것**이 중요합니다.

"~해서 ~로 인해 ~해서 미안해."와 같이 구체적으로 상황을 설명하고, "내가 실수했어.", "내가 깜빡했어.", "내가 부족했어.", "내 잘못이야."와 같이 자신의 부족한 점을 솔직하게 인정할 때, 상대방은 당신의 진심을 느낄 수 있습니다.

특히, 사안이 심각할수록 "내가 부족하고 잘못했다."라고 말하는 것은 더욱 효과적입니다. 상대방은 당신이 책임감을 가지고 상황을 인지하고 있음을 느끼고, 진정성 있는 사과로 받아들일 것입니다.

Tip 사과의 강도를 조절하세요!

- **가벼운 실수:** "미안해.", "죄송해요.", "실례했습니다."

  예: "미안해, 내가 깜빡 잊어버렸어." / "죄송해요, 제가 실수했네요." / "실례했습니다, 제가 방해했네요."

- **일반적인 사과:** "죄송합니다.", "미안합니다.", "잘못했습니다.", "실수했습니다."

  예: "죄송합니다, 제가 부주의했습니다." / "미안합니다, 제가 늦었네요. " / "잘못했습니다, 제가 생각이 짧았습니다." / "실수했습니다, 제가 다시 확인해 보겠습니다."

- **중대한 사과:** "사과드립니다.", "송구합니다.", "용서를 구합니다.", "깊이 반성하고 있습니다.", "제 잘못을 깊이 뉘우치고 있습니다."

  예: "사과드립니다, 큰 실망을 안겨드렸습니다." / "송구합니다, 제 불찰입니다." / "용서를 구합니다, 제가 정말 잘못했습니다." / "깊이 반성하고 있습니다." / "제 잘못을 깊이 뉘우치고 있습니다."

Tip 상대방과의 관계를 고려하여 표현을 선택하세요!

- 친한 친구 사이라면 "미안해~"처럼 편한 표현을 사용할 수 있습니다.
- 직장 상사나 어른에게는 "죄송합니다."와 같이 정중한 표현을 사용하는 것이 좋습니다.

2단계: 사과의 심화 – 진정성과 공감 표현

잘못을 인정했다면, 이제 진심을 담아 상대방에게 공감하는 모습을 보여줄 차례입니다. "~해서 네 마음이 많이 상했을 것 같아."와 같이 상대방의 입장에서 생각하고 느끼는 마음을 표현해 보세요. 진정성 있는 사과는 상대방의 마음을 움직이고, 관계 회복의 가능성을 높여줍니다.

주의! 상황 설명보다 진정성 강조와 공감 표현이 먼저!

상황 설명을 먼저 하면 변명처럼 들려 진정성을 의심받을 수 있습니다. "늦어서 미안해."보다는 "진심으로 미안해. 내가 늦어서 네 기분이 많이 상했을 것 같아." 처럼 진정성과 공감을 먼저 표현하는 것이 중요합니다.

- **진정성 강조:** "진심으로", "정말", "너무", "진심으로 미안해.", "마음이 불편해.", "죄송한 마음 금할 길이 없네요."

  예: "진심으로 미안해. 내가 늦어서 네 기분이 많이 상했을 것 같아." / "정말 죄송합니다. 제가 너무 경솔했습니다." / "너무 죄송합니다. 제가 주의 깊지 못했어요."

- **공감 표현:** "~해서 네 마음이 많이 상했을 것 같아.", "~해서 걱정했을 텐데.", "~해서 실망했을 것 같아.", "얼마나 놀랐을까.", "~하면서 많이 반성했어."

  예: "내가 갑자기 약속을 취소해서 네 마음이 많이 상했을 것 같아. 정말 미안해." / "갑자기 연락도 없이 잠수 타서 걱정했을 텐데, 정말 미안하다." / "내가 한 말 때문에 속상했을 것 같아. 사과할게." / "약속을 어겨서 실망했을 것 같아. 미안해." / "내가 너무 늦게 와서 얼마나 놀랐을까. 진심으로 사과할게." / "너에게 소홀했던 시간을 돌아보면서 많이 반성했어."

- **상황 설명:** "~해서", "~ 때문에", "~에 대해", "~해서 (~하게 되었어)", "~할 의도는 없었지만"

  예: "미안해, 길이 막혀서 늦었어. (최대한 서둘렀는데…)" / "죄송합니다, 제가 설명을 제대로 못 해서 오해가 생긴 것 같습니다." / "사과드립니다. 프레젠테이션 자료에 오류가 있어서 혼란을 드렸습니다."

- **재발 방지:** "다시는 ~ 않겠습니다.", "앞으로 ~ 하겠습니다.", "앞으로는 ~에 더 신경 쓰겠습니다.", "다음부터는 ~하도록 주의할게.", "앞으로는 ~할게."

  예: "미안해, 다시는 늦지 않겠습니다. (시간 약속을 잘 지키도록 노력할게.)" / "죄송합니다, 앞으로 더 주의해서 일하겠습니다." / "앞으로는 너의 말을 더 주의 깊게 들을게." / "다음부터는 말하기 전에 한 번 더 생각할게."

3단계: 사과의 마무리 – 대화와 관계 회복

진심을 담은 사과는 단절된 관계를 회복하고 더욱 발전시킬 수 있는 기회를 제공합니다. 상대방의 의견을 경청하고, 피해 복구를 위한 노력을 구체적으로 보여주세요. "제가 어떻게 하면 좋을까요?"와 같이 도움을 요청하는 것도 좋은 방법입니다.

- 상대방에게 질문을 던져 대화를 이어나가세요.

  "혹시 제가 놓친 부분이 있을까요?", "어떻게 하면 더 잘할 수 있을지 조언해 주시겠어요?"와 같이 상대방의 생각을 물어보는 것은 적극적인 태도를 보여주는 좋은 방법입니다.

- 구체적인 행동 계획을 제시하세요.

  "다음부터는 시간 약속을 꼭 지키도록 알람을 맞춰 놓을게.", "오늘 저녁에 따로 시간을 내서 자세히 설명해 줄게."와 같이 구체적인 계획을 말하면 상대방에게 신뢰감을 줄 수 있습니다.

- 진심을 다해 사과했지만 상대방이 받아들이지 않는다면, 시간을 두고 기다리는 것도 좋습니다.

  "지금 당장은 제 사과를 받아들이기 힘들 수도 있다는 것을 알고 있어요. 하지만 저는 진심으로 반성하고 있고, 언젠가는 제 마음이 전해지길 바랍니다."와 같이 말하며 상대방을 존중하는 모습을 보여주세요.

- 도움을 요청하여 상황을 개선하려는 의지를 보여주세요.

  "제가 어떻게 하면 좋을까요?", "어떻게 하면 용서해 주시겠습니까?"와 같이 도움을 요청하는 것은 상황을 개선하고 싶은 마음과 상대방의 의견을 존중하는 태도를 보여줍니다.

- 피해를 복구하기 위한 노력을 구체적으로 제시해 주세요.

  "제가 실수로 깨뜨린 컵은 새로 사 드리겠습니다.", "잘못된 정보를 수정하여 다시 보고 드리겠습니다."와 같이 구체적인 해결 방안을 제시하면 상대방의 마음을 진정시키는 데 도움이 됩니다.

이 3단계는 이 책에서 끊임없이 강조될 만큼, 진심으로 사과하고 관계를 회복하기 위한 가장 기본적이고 중요한 내용입니다. 이 3단계 전략을 통해 상대방에게 진심을 전하고, 상처받은 마음을 치유하며, 더욱 돈독한 관계를 만들어나갈 수 있습니다.

2

진심이 계산을 이길 때,
사과는 통해요

　"미안해."라는 말, 참 쉽죠. 하지만 때로는 그 쉬운 말 한마디가 입 밖으로 나오기까지 엄청난 용기를 필요로 할 때가 있습니다. 마음속에 미안한 마음이 가득한데도, 좀처럼 표현하지 못하고 속으로 끙끙 앓는 사람들이 있습니다. 왜 그들은 "미안해."라는 말을 꺼내기 어려워하는 걸까요?

　혹시, 당신도 그런 사람들 중 하나인가요? 마음속으로는 "미안해."라고 생각하면서도, 막상 입 밖으로 꺼내려면 왠지 어색하고 불편하게 느껴지지는 않나요? "미안해."라는 말 대신 "괜찮아?", "다음엔 더 잘할게."와 같이 엉뚱한 말로 돌려 말하거나, 아예 아무 말도 하지 못하고 침묵하는 경우도 있을 것입니다.

　어른의 머릿속은 복잡합니다.

　사과를 해야 할 상황에 놓이면 "내가 왜 사과해야 하지?", "사과하면 내가 괜히 낮아지는 것 같잖아?", "혹시 상대방이 나를 만만하게 볼까?"와 같은 생각들이 꼬리에 꼬리를 물고 이어집니다. 체면, 책임, 자존심 등 수많은 생각이 머릿속을 가득 채우고 사과를 망설이게 만듭니다. 마치 복잡한 미로 속에서 출구를 찾지 못하고 헤매는 것과 같습니다.

　사실, 사람들은 생각하는 것을 싫어합니다.

　특히 복잡하고 어려운 생각은 더욱 그렇습니다. 머리를 써야 하는 일은 피곤하고 귀찮게 느껴지죠. 사과를 할 때도 마찬가지입니다. "내가 먼저 사과하면 손해 보는 거 아닐까?", "혹시 상대방이 내 사과를 받아들이지 않으면 어떡하지?"와 같이 복잡한 생각들이 떠오르면 우리는 쉽게 지치고 사과를 포기해 버립니다.

이러한 망설임과 고민의 시간은 결국 계산적인 마음에서 비롯됩니다.

손해 보는 것을 싫어하고, 따지고, 계산해서 나오는 결과에 따라 사과하려고 하면 결국 진심은 가려집니다. 진짜 마음은 숨겨지고 계산적인 사과만 드러나게 되는 것이죠. 망설이고 따질수록, 내 사과에는 계산이 묻어나고 진심은 그 자리를 잃어갑니다.

"미안하다고 했잖아! 그만 풀지?" 미안하다고 사과했으니 그것으로 충분하다고 생각하는 것은 오만입니다. 진정한 사과는 단순히 "미안해." 세 글자를 전달하는 행위를 넘어섭니다. 그 안에는 관계에 대한 바람과 간절함이 담겨 있어야 합니다. "네 마음이 풀리면 좋겠어. 나는 정말 반성하고 있고 누구보다 다시 너와 좋은 관계를 유지하고 싶어."라는 메시지가 눈빛과 목소리, 떨림으로 전해질 때, 비로소 상대방은 당신의 진심을 느낄 수 있습니다.

기억해야 합니다. 간절함은 계산적이고 이기적인 복잡함을 이깁니다.

진정한 사과는 머릿속의 복잡함을 이겨낼 때 비로소 통합니다. 체면, 책임, 자존심 등 모든 계산을 넘어, 오직 상대방을 걱정하고 미안해하는 마음이 전해질 때, 우리는 비로소 진정한 사과를 할 수 있습니다. 마치 험준한 산맥을 넘어 마침내 눈부시게 펼쳐진 평원에 도착하는 것처럼 말이죠.

진심은 머릿속의 복잡한 미로를 뚫고 나오는 힘을 가지고 있습니다. 머리로 계산하고 따지는 것을 멈추고 마음의 소리에 귀 기울여 보세요. "정말 미안해.", "내가 널 힘들게 했구나."와 같이 마음에서 우러나오는 진심을 담아 사과할 때, 상대방은 당신의 진심을 느낄 수 있을 것입니다.

계산적인 사과는 오히려 관계를 악화시켜요. 간절함을 보여주세요. 머릿속의 복잡함을 넘어 진심을 전할 때, 사과는 상처를 치유하고 관계를 회복하는 힘을 발휘합니다.

3

일방적인 사과는
'읽씹'과 같아요

"사과했잖아. 됐지?" 카카오톡 메시지 옆에 떠 있는 '1'이라는 숫자는 마치 깊은 바닷속으로 가라앉는 듯한 답답함과 불안감을 느끼게 합니다. '읽씹'인지 '안읽씹'인지도 모를 그 메시지는, 마치 내 진심을 블랙홀에 던져버린 듯 공허함만 남깁니다.

'읽씹', '안읽씹' 많이 당해보셨죠? 사과도 마찬가지입니다. 일방적인 사과는 '읽씹'과 같습니다. 답장 없는 메아리처럼, 공허함만 남을 뿐입니다. 진정한 사과는 상대방의 마음에 닿아야 합니다. 그들의 마음을 열고, 진심으로 소통하려는 노력이 필요합니다. 사과는 단순히 '말'을 전달하는 게 아니라, '마음'을 전하는 것입니다.

사과는 혼잣말이 아닙니다.

발송 버튼을 누르는 순간 모든 게 끝났다고 생각하는 것은 마치 우주를 향해 쏘아 올린 로켓이 목적지에 도착했는지, 무사히 착륙했는지 확인하지 않는 것과 같습니다. 상대방이 그 로켓, 즉 나의 사과를 받았는지, 어떤 마음으로 받아들였는지 확인하는 과정 없이는 진정한 소통이 이루어졌다고 할 수 없습니다.

진정한 사과는 '읽음'으로 끝나는 게 아닙니다. '읽음' 뒤에 오는 상대방의 반응, 그 반응에 대한 나의 진심 어린 답변, 그리고 그 과정에서 오가는 이해와 공감… 이 모든 과정을 통해 비로소 사과는 완성됩니다. 마치 씨앗을 심고, 물을 주고, 햇빛을 쬐어주며 정성껏 돌보는 것처럼, 사과는 일방적인 행위가 아닌 쌍방향적인 소통을 통해 그 결실을 맺습니다.

요즘 세상에선 '사과'라는 단어가 너무 쉽게 쓰이는 것 같습니다.

마치 닳고 닳은 동전처럼, '미안하다'는 말이 아무런 감정 없이 오고 갑니다. 하지만 그 속에 진정한 반성과 후회, 그리고 변화의 의지가 담겨 있는 경우는 얼마나 될까요? 진심 없는 사과는 오히려 독이 됩니다. 상처에 소금을 뿌리는 것처럼, 관계를 더 악화시키고 불신을 키웁니다.

그러니 '사과'라는 두 글자를 쉽게 내뱉기 전에, 잠시 멈춰 생각해보세요. 내가 진심으로 미안한 마음을 가지고 있는지, 상대방의 마음을 헤아리고 있는지, 그리고 앞으로 같은 잘못을 반복하지 않기 위해 어떤 노력을 할 것인지.

사과는 '발송'이 아니라 '수신'과 '소통'입니다.

'읽씹'과 '안읽씹' 사이에서 방황하는 사과는, 결국 아무런 의미도 남기지 못한 채 허공으로 사라질 뿐입니다. 진정한 사과는 상대방의 마음을 움직이고, 관계를 회복시키는 힘을 가집니다. 그 힘은 '발송' 버튼이 아니라, 진심 어린 마음과 끊임없는 노력에서 나온다는 것을 잊지 말아야 합니다.

미디어 리치니스 이론(Media Richness Theory)에 따르면, 매체는 정보를 전달하는 능력에 따라 '풍부한 매체'와 '빈약한 매체'로 구분됩니다. 얼굴을 마주 보며 대화하는 것은 풍부한 매체이고, 문자 메시지는 빈약한 매체입니다. 따라서 문자 메시지로 사과할 때는 오해의 소지가 없도록 더욱 신중해야 하고, 상대방의 반응을 살피며 소통해야 합니다.

사과는 내가 말했다고 끝나지 않아요. 상대방의 마음도 확인해야 비로소 완성되는 겁니다.

'사과'에 대한 이모저모

미디어 리치니스 이론: 리처드 랭크(Richard Lengel)와 로버트 다프트(Robert Daft)가 제시한 이론으로, 커뮤니케이션 매체가 정보를 얼마나 풍부하게 전달할 수 있는지를 설명합니다. 얼굴을 마주 보는 것처럼 풍부한 매체일수록 감정과 뉘앙스를 효과적으로 전달할 수 있기에, 문자 메시지처럼 빈약한 매체를 통한 사과는 오해의 소지가 없도록 더욱 신중해야 합니다. (출처: Daft, R. L., & Lengel, R. H. (1986). Organizational information requirements, media richness and structural design. Management science, 32(5), 554-571.)

4

사과는 자존심보다
자기감이에요

　유명 배우 A는 최근 드라마 촬영 현장에서 스태프에게 막말을 했다는 논란에 휩싸였습니다. A는 자신의 SNS에 "현장에서 의사소통에 오해가 있었던 것 같습니다. 저의 의도와 달리 불편함을 느끼셨다면 죄송합니다."라는 글을 올렸지만 대중들의 반응은 냉담했습니다. "자신의 잘못을 인정하지 않고 변명만 늘어놓는다."는 비판이 쏟아졌고, A의 이미지는 크게 실추되었습니다. A는 왜 진심 어린 사과를 하지 못했을까요? 혹시, 자존심은 높지만 자기감이 부족했던 것은 아닐까요?

　'자존심', '자존감', '자기감', 이 세 가지는 어떻게 다를까요?

　혹시 '자기감'이라는 말, 들어보셨나요? 자기감이란 자기 자신에 대한 객관적인 평가와 믿음을 뜻하는 심리학 용어입니다. 자존심은 타인에게 인정받고 싶어 하는 욕구, 자존감은 자신을 존중하고 사랑하는 마음, 자기감은 자신을 객관적으로 인식하고 받아들이는 능력입니다. 자존심이 강한 사람은 남들에게 잘 보이려고 애쓰고, 자존감이 높은 사람은 스스로를 소중하게 여기며, 자기감이 높은 사람은 자신의 강점과 약점을 모두 인지하고 받아들입니다.

　자기감이 높은 사람들은 자신감 넘치고, 주도적이며, 목표 지향적인 모습을 보입니다.

자신의 능력과 가치를 믿으며, 어떤 어려움에도 굴하지 않고 도전하는 강인함을 지니고 있죠. 하지만, 자존심이 강한 사람은 자신의 약점을 인정하는 것을 두려워하고, 자신의 이미지를 지키는 데 급급해 진심 어린 사과를 하기 어려울 수 있습니다. "내가 틀렸을 리 없어."라는 생각에 사로잡혀 실수를 부정하거나, 책임을 회피하려는 경향을 보이기도 합니다. 또한, 사과를 하는 모습이 자신의 이미지를 손상시키거나 약점으로 비춰질까 봐 걱정하기도 합니다.

하지만 진정한 강함은 자신의 부족함을 인정하고, 솔직하게 사과할 수 있는 용기에서 나옵니다.

자기감이 높은 사람들은 사과를 할 때에도 자신의 모습을 객관적으로 돌아볼 수 있습니다. "내가 왜 사과해야 하지?"라는 생각보다는 "내 행동으로 인해 상대방이 얼마나 힘들었을까?"를 먼저 생각해 보세요. 상대방의 입장에서 상황을 바라보고, 그들의 감정을 이해하려고 노력해야 합니다.

"나는 이미 충분히 상대방을 배려하고 있어!"라고 생각할 수도 있습니다. 하지만 자존심이 강한 사람들은 자신도 모르게 자기중심적인 사고에 빠지기 쉽습니다. "내 기준에서는 이 정도면 충분히 사과한 거야."라고 생각하며 상대방의 마음을 제대로 헤아리지 못하는 경우가 생기는 것이죠.

자존심이 센 사람들은 흔히 "내가 이렇게 높은 사람인데 굳이 사과를 해야 할까?"라는 생각에 사로잡힙니다. 자신의 권위를 내세우고, 잘못을 인정하기보다는 변명하기에 급급합니다. 하지만 이러한 태도는 오히려 주변 사람들과의 관계를 악화시키고 스스로를 고립시킬 뿐입니다.

자존심 대신 자기감을 키워야 합니다.

자기감이 높은 사람들은 자신의 권위를 내려놓고 솔직하게 잘못을 인정할 수 있는 용기를 가지고 있습니다. 진심으로 사과할 때 당신은 주변 사람들에게 더 큰 존경과 신뢰를 얻을 수 있을 것입니다. 사과를 했다고 해서 모든 것이 끝났다고 생각해서는 안 됩니다.

상대방이 당신의 사과를 받아들이지 않거나 오히려 화를 낼 수도 있습니다. 이때 자존심이 상해서 반박하거나 공격적인 태도를 보이는 것은 금물입니다. 상대방의 반응을 차분하게 경청하고 진심으로 이해하려고 노력해야 합니다.

진정한 자기감은 똑같은 실수를 반복하지 않는 변화에서 더욱 빛을 발합니다. 자신의 잘못을 인정하고, 고치려고 노력하는 모습은 당신을 더욱 성장시킬 것입니다. 그리고 그 과정에서 당신은 나를 인정하는 모습에서 더 사랑스러운 나를 발견하게 될 것입니다.

자기감을 키우는 것은 어려운 일이 아닙니다.

일상생활에서 작은 것부터 실천하면 됩니다.

- **자신의 감정을 솔직하게 인정하고 표현해 보세요.**

  "나는 지금 기분이 좋지 않아.", "나는 이 일에 대해 두려움을 느껴."와 같이 자신의 감정을 솔직하게 말하는 연습을 해 보세요.

- **자신의 강점과 약점을 객관적으로 파악해 보세요.**

  자신의 모습을 있는 그대로 받아들이세요. "나는 이런 일에 재능이 있지만, 저런 일에는 서툴러."와 같이 자신의 장단점을 인정하는 것이 중요합니다.

- **자신을 잘 아는 타인에게 피드백을 구해보세요.**

  그 피드백을 긍정적으로 수용하고, 자신을 개선하기 위해 노력하세요. "나는 다른 사람들에게 어떻게 보일까?", "내가 고쳐야 할 점은 무엇일까?"와 같이 타인의 시각에서 자신을 돌아보는 것은 자기감을 높이는 데 도움이 됩니다.

나를 사랑한다면, 사과 앞에선 '나'를 내려놓고 상대방에게 진심을 전해 보세요. 더욱 성숙하고 매력적인 사람으로 성장할 수 있을 것입니다.

5

말 많은 사과에
휘둘리지 마세요

회식 자리, 옆자리 동료에게 술을 권하며 던진 농담 한 마디. "어휴, 술도 못 마시면서 어떻게 사회생활을 하려고 그래요? 좀 마셔 봐요!" 분위기를 띄우려는 의도였겠죠. 하지만 술을 잘 못 마시는 동료는 불쾌한 표정을 감추지 못합니다. 눈치 없는 그 사람은 계속해서 술을 권하며 농담을 쏟아냅니다. "에이, 한 잔 정도는 괜찮잖아요? 분위기 좀 맞춰 줍시다!" 결국 동료는 자리를 떠나고, 회식 분위기는 싸늘하게 식어 버립니다.

같은 회식 자리, 말 잘하는 사람은 어떨까요? 술을 권하기 전에 먼저 묻습니다. "혹시 술은 괜찮으세요? 컨디션이 안 좋으시면 무리하지 않으셔도 괜찮아요." 상대방을 배려하는 그의 말에 동료는 편안한 마음으로 잔을 비웁니다. 술을 잘 못 마시는 동료를 위해 센스 있게 음료를 챙겨주는 것도 잊지 않습니다. 덕분에 회식 분위기는 화기애애하게 이어집니다.

말 많은 사람 vs 말 잘하는 사람, 그 미묘한 차이

말 많은 사람과 말 잘하는 사람, 언뜻 비슷해 보이지만 사실 둘 사이에는 큰 차이가 있습니다. 마치 유사품처럼 겉모습은 비슷하지만, 품질과 가치는 완전히 다를 수 있는 것처럼 말이죠.

말 많은 사람은 자신의 생각을 표현하는 데 적극적이고 대화를 주도하는 것을 좋아합니다. 마치 스포트라이트를 받는 무대 위의 배우처럼 말이죠. 하지만 가끔은 상대방의 말에 귀 기울이지 않고 자신의 이야기만 쏟아내는 경향이 있습니다. 자신의 말이 상대방에게 어떤 영향을 미치는지에 대한 고려가 부족할 때가 많죠. 때로는 과장되거나 꾸며낸 말로 상황을 모호하게 만들기도 합니다. '말 많은 사과'는 결국 자기 합리화와 변명으로 가득 차 진정한 사과를 하기 어렵게 만듭니다.

반면 말 잘하는 사람은 단순히 말을 많이 하는 것이 아니라 상대방과의 소통에 집중합니다. 마치 상대방의 마음을 읽는 섬세한 독심술사처럼 말이죠. 상대방의 말에 귀 기울이고, 공감하며, 자신의 생각을 명확하고 진솔하게 전달합니다. 말의 내용뿐 아니라 톤, 표정, 몸짓 등 비언어적인 표현까지 고려하여 상대방에게 진심을 전달하고자 노력합니다.

말 잘하는 사람이 사과를 더 잘하는 이유

"말 잘하는 사람이 오히려 사과를 더 잘한다?" 뭔가 아이러니하게 들리죠? 하지만 연구 결과가 이를 뒷받침합니다. 오하이오주립대학교의 로이 레위키(Roy Lewicki) 교수 연구팀은 사과의 유형을 분석하여 진정성 있는 사과일수록 관계 회복에 효과적이라는 것을 밝혀냈습니다.

말 잘하는 사람들은 자신의 잘못을 인정하고 책임지는 데 능숙하며, 상대방의 감정을 이해하고 공감하는 능력이 뛰어나기 때문에 진정성 있는 사과를 하는 데 유리합니다. 반면 말 많은 사람들은 자신의 실수를 인정하기보다는 변명이나 합리화를 늘어놓는 경향이 있어 진심으로 사과를 받아들이기 어렵게 만듭니다. '말 많은 사과'에 휘둘리지 않으려면, 상대방의 말에 귀 기울이고 공감하는 능력을 키워야 합니다.

말 많은 사람, 때로는 가해자가 된다.

말 많은 사람들은 때로는 자신도 모르게 가해자가 되기도 합니다. 실제로 국가인권위원회의 2021년 조사에 따르면, 직장 내 괴롭힘의 유형 중 '언어폭력'이 61.5%로 가장 높은 비율을 차지했습니다. 이는 말 많은 사람들이 상대방에 대한 배려 없이 자신의 생각만을 쏟아내다가 타인에게 상처를 주는 경우가 많다는 것을 보여줍니다.

특히 성희롱의 경우, 말하는 사람의 의도와는 관계없이 상대방에게 성적 수치심을 유발하는 발언이 될 수 있으며, 이는 심각한 문제를 야기할 수 있습니다.

어른의 사과는 양보다 질입니다.

어른이 된다는 것은 단순히 나이를 먹는 것이 아닙니다. 자신의 말에 책임을 지는 것입니다. 말 많은 사람들의 휘황찬란한 말에 휘둘리지 않고, 진실된 말과 행동으로 신뢰를 쌓아가는 것이 진정한 어른의 모습입니다. 많이 하고 과장된 말, 꾸며낸 말보다는 진솔하고 책임감 있는 말 한마디가 더 큰 힘을 가집니다.

'말을 많이 하는 것'이 능숙한 사회생활의 지표가 되는 시대는 지났습니다. 어른이라면 말의 양보다 질에 집중해야 합니다. '말 많은 사과'에 현혹되지 말고, 그 이면에 숨은 진심을 꿰뚫어 보는 현명함을 가져야 합니다.

말로 덮고 수습하려는 사과, 말 많은 사과의 함정

말 실수를 깨달은 후, 그는 사과를 하기 위해 동료를 찾아갑니다. 하지만 그의 입에서는 변명과 해명이 쉴 새 없이 쏟아져 나옵니다. "그건 그런 뜻이 아니었는데… 기분 나빴다면 미안해요. 그런 걸로 삐지다니 다른 사람들은 아무렇지도 않다는데… 미안해요, 됐죠?" 그의 사과에는 진심은 보이지 않는 자기중심적인 태도만 드러납니다.

마치 "내가 뭘 잘못했는데?"라고 말하는 듯합니다. 제대로 사과하기 싫다면, 차라리 말을 줄이는 것이 나을지도 모릅니다. 자기중심적인 표현으로 가득한 장황한 사과는 오히려 상대방의 마음을 더욱 닫게 만들 뿐입니다. 이것이 바로 '말 많은 사과'의 전형적인 모습입니다. 말로 상황을 모면하려하지만, 진정한 반성은 없는 공허한 사과인 것이죠.

말로 책임지는 사과, 진심을 담은 한 마디

말 잘하는 사람은 사과하는 상황을 차분히 떠올려 봅니다. '나로 인해 상대방의 마음이 닫혔구나. 내가 부족했구나.' 그는 진심으로 자신의 잘못을 인정하고, 상대방의 마음을 어루만져 줍니다.

"미안해, 내가 부족했어. 괜히 술을 강요해서 기분 상했지? 네가 얼마나 불편했을지 생각하면 마음이 무거워." 그의 사과에는 진심과 공감이 담겨 있습니다. 그리고 상대방의 반응을 살피며, 아직 마음이 닫혀 있다면 조심스럽게 다가갑니다.

사과, 진심을 전하는 마음 공간 확보부터

사과가 진심을 전달하기 위해서는, 먼저 나에 대한 상대방의 마음 공간을 확보해야 합니다. 내 말을 들어줄 마음의 여유가 없는 상대에게 아무리 진심을 담아 사과한다 해도, 그 마음은 닿지 않을 것입니다. 그들의 마음속에는 이미 당신의 말로 인해 생긴 상처와 불신이 가득 차 있기 때문입니다.

그렇다면 어떻게 해야 할까요? 평소 하지 않았더라도 이 순간만큼은 상대방의 감정을 인정하고 공감하며 변화를 약속해야 합니다. "내가 당신의 마음을 닫게 만들었지만, 이제는 당신의 이야기에 귀 기울이고 진심으로 이해하려고 노력하겠습니다."라는 메시지를 전달해야 합니다. "내가 당신에게 상처를 준 것을 후회하며, 앞으로는 같은 실수를 반복하지 않도록 주의하겠습니다."라는 다짐을 보여주어야 합니다.

그럴 때 비로소 상대방의 마음의 문이 열리고, 당신의 진심이 닿을 수 있을 것입니다. 사과는 단순히 과거의 잘못을 덮는 것이 아니라, 관계 개선의 약속입니다.

사과, 모두에게 같은 공식

말이 많든, 말을 잘하든, 우리는 모두 실수를 합니다. 그리고 실수를 했다면 진심으로 사과해야 합니다. 사과에는 특별한 기술이 필요하지 않습니다. 그저 상대방의 마음에 귀 기울이고, 진심으로 공감하며, 관계 회복을 위해 노력하면 됩니다. 하지만 안타깝게도, 많은 어른들이 이 단순한 공식을 잊고 삽니다.

진정한 사과는 말이 아니라 행동으로 증명됩니다. 사과할 때만큼은, 우리 모두 같은 공식을 따라야 합니다.

'사과'에 대한 이모저모

관계적 사과이론: 라자르(Lazare)가 제시한 관계적 사과 이론은 사과를 단순히 개인의 행위가 아닌, 관계 회복을 위한 상호 작용으로 봅니다. 이 이론은 사과의 목적이 단순히 잘못을 인정하는 데 그치는 것이 아니라, 상처받은 상대방의 감정을 이해하고 공감하며 관계를 회복하는 데 있다고 강조합니다.

관계적 사과의 핵심: 공감, 책임, 진정성

공감: 상대방의 입장에서 상황을 이해하는 능력

책임 인정: 자신의 잘못에 대한 책임을 받아들이는 태도

진정성: 진심으로 후회하고 반성하는 마음

말 잘하는 사람, 관계적 사과에 능숙하다

말 잘하는 사람은 뛰어난 공감 능력과 진정성 있는 태도로 상대방에게 진심으로 다가갑니다. 말의 내용뿐 아니라 톤, 표정, 몸짓까지 고려하여 상대방의 감정을 배려하고 관계 회복을 위해 노력합니다.

(참고: Lazare, A. (2004). On apology. Oxford University Press.)

6

묻지도 따지지도 말고
네 편이 되어 주세요

🌿

퇴근하고 돌아온 아내의 얼굴이 잔뜩 붉으락푸르락합니다. 옆집 여자와 아이들 픽업 문제로 시비가 붙었던 모양입니다. 아내의 흥분된 목소리를 가만히 듣고 있던 남편은 "음… 뭐, 그럴 수도 있지. 옆집도 애들 픽업 시간 때문에 바빴을 수도 있잖아."라며 차분하게 말을 꺼냅니다. 순간, 아내의 속에서 부글부글 뭔가 끓어오르는 게 느껴집니다. "아니, 당신은 내 말은 듣지도 않고 왜 옆집 여자 편만 드는 거야? 내가 얼마나 당황스럽고 화가 났는지 알기나 해?"

며칠 뒤, 친구에게 전화가 왔습니다. 남자친구와 크게 다퉜다며 울먹입니다. 친구의 흥분된 목소리에 "아니, 무슨 일이야?"라고 묻자 친구는 남자친구가 자신의 생일날 친구들과 술을 마시러 가겠다고 했다며 울분을 토합니다. "걔가 어떻게 나한테 이럴 수가 있어?" 친구의 말에 "글쎄… 걔도 요즘 회사 일 때문에 스트레스를 많이 받아서 그랬을 수도 있지 않을까?"라고 대답했습니다. 그러자 친구는 "너는 내 상황은 제대로 알지도 못하면서 왜 섣불리 판단하는 거야? 내가 좀 서운해할 수도 있는 거잖아…"라며 서운함을 토로합니다.

이런 분들, 내 주변에 꼭 있죠? 남편과 친구처럼 인지적 공감 능력이 뛰어난 사람들은 상황을 객관적으로 판단하고 다양한 관점에서 문제를 바라보는 데 능숙합니다. 이는 갈등 해결에 있어 매우 중요한 능력이며, 합리적인 결정을 내리고 공정한 판단을 하는 데 도움을 줍니다. 하지만 화가 나거나 억울한 감정을 느낄 때, 혹은 누군가에게 진심으로 사과를 해야 할 때는 논리적인 사고보다 정서적인 공감이 더욱 중요합니다.

진정한 공감이란 무엇일까요?

단순히 "그랬구나.", "네 맘이 아팠구나."와 같은 말들을 건네는 것이 전부일까요? 물론, 이러한 표현들도 상대방의 감정을 인정하고 위로하는 데 도움이 됩니다. 하지만 진정한 공감은 상대방의 입장에 서서 그들의 감정을 온전히 느끼고 이해하는 것입니다. 마치 내가 그 사람이 된 것처럼, 그들의 슬픔, 분노, 좌절, 기쁨 등 모든 감정을 함께 느끼는 것입니다.

심리학에서는 공감을 크게 '정서적 공감'과 '인지적 공감'으로 나눕니다. 정서적 공감은 상대방의 감정을 직접적으로 느끼고 함께 경험하는 것을 말합니다. 반면 인지적 공감은 상대방의 입장과 생각을 이해하고, 그들이 왜 그런 감정을 느끼는지 논리적으로 파악하는 것을 의미합니다.

사과를 해야 할 상황에서 인지적 공감 능력이 앞선다면?

예를 들어, 친구와의 약속 시간에 늦어서 미안하다고 사과해야 하는 상황에서, "미안해, 근데 너도 저번에 늦었잖아." 또는 "나도 미안해, 하지만 오늘 차가 너무 막혔는걸."과 같이 변명이나 상대방의 잘못을 끌어들이는 말을 덧붙이게 될 수 있습니다. 이는 상대방의 감정을 제대로 헤아리지 못하고, 오히려 방어적인 태도를 보이는 것처럼 느껴지게 할 수 있습니다.

물론, 모든 상황에서 무조건적인 편들기가 옳은 것은 아닙니다. 상황에 따라서는 객관적인 시각을 유지하고, 잘잘못을 명확하게 판단해야 할 때도 있습니다.

진정한 공감을 위해서는 이 두 가지 모두 필요하지만, 특히 정서적 공감은 훈련이 필요합니다. 타인의 감정에 민감하게 반응하고 그 감정을 마치 내 것처럼 느끼는 것은 타고난 기질의 영향도 있지만, 후천적인 노력을 통해 충분히 향상될 수 있습니다.

정서적 공감 훈련 가이드

정서적 공감을 통해 감정적으로 힘들거나 흥분한 상대를 진정시키는 것은 매우 중요합니다. 때로는 무조건적으로 상대의 편을 들어주는 것만으로도 상대는 위로를 얻고 안정감을 느낄 수 있습니다.

1. 적극적으로 경청하기

몸을 상대방 쪽으로 기울이고, 눈을 맞추며, 고개를 끄덕이는 등의 비언어적인 표현을 통해 상대방의 말에 집중하고 있음을 보여주세요. **눈을 마주치는 것은 상대방에게 '당신의 말에 귀 기울이고 있다.'는 메시지를 전달하는 가장 효과적인 방법입니다.** 상대방의 목소리 톤이나 표정 변화에도 민감하게 반응하며, 마치 내 이야기처럼 귀 기울여 들어주세요.

2. 감정 읽어주기

상대방의 표정, 목소리, 몸짓 등을 통해 그들이 느끼는 감정을 파악하고, "지금 많이 화가 났구나", "많이 속상했겠다."와 같이 **상대방의 감정을 언어로 표현해 줍니다. 상대방의 감정을 언어로 표현해 주는 것은 단순히 감정을 파악하는 것을 넘어, 상대방이 자신의 감정을 이해받고 있다고 느끼게 해주는 중요한 행위입니다.** 이는 상대방에게 정서적 안정감을 가져다주고, 더욱 깊은 공감을 형성하는 데 도움을 줍니다. 마치 거울처럼 상대방의 감정을 비춰주는 것처럼, 그들의 감정을 정확하게 읽어내고 공감하는 모습을 보여주세요.

3. 공감하는 표현 사용하기

"나라도 그랬을 것 같아.", "정말 힘들었겠다.", "어떻게 그런 일을 당했니…."와 같이 상대방의 감정에 공감하는 마음을 표현합니다. **상황에 따라 "정말 안타깝다.", "너의 마음이 이해돼.", "얼마나 답답했을까." 등 다양한 표현을 사용해 보**

세요. 단순히 "힘내."라는 말보다는, 상대방의 상황과 감정에 맞는 구체적인 표현을 사용하는 것이 좋습니다.

4. 판단이나 조언은 잠시 뒤로

상대방의 감정에 공감하는 데 집중하고, 판단이나 조언은 나중으로 미룹니다. **섣부른 판단이나 조언은 상대방의 마음을 닫게 만들 수 있으며, 오히려 방어적인 태도를 불러일으킬 수 있습니다.** 지금은 상대방의 이야기를 들어주고, 그들의 감정을 이해하는 것이 중요합니다.

5. 분위기 환기시키기

상대방의 감정이 조금 진정되었다면, 분위기 전환을 통해 긍정적인 에너지를 불어넣어 주는 것도 좋은 방법입니다. **상대방의 성향에 맞춰 분위기 전환을 시도하는 것이 중요합니다.** 활동적인 사람에게는 함께 산책을 하거나 운동을 하는 것이 도움이 될 수 있고, 조용한 분위기를 선호하는 사람에게는 차분한 음악을 함께 듣거나 조용한 카페에 가는 것이 좋습니다. 상대방이 좋아하는 음악을 듣거나, 맛있는 음식을 함께 먹거나, 기분 전환이 될 만한 장소로 이동하는 것도 도움이 될 수 있습니다.

정서적 공감은 쉽게 말해, 그 사람의 편이 되어주는 것입니다.

옆집 여자와 싸워서 화가 난 아내에게는 "맞아, 그 여자 정말 너무했어! 어떻게 그럴 수가 있어?"라며 함께 분노하고, 남자친구와 다퉈서 속상한 친구에게는 "어휴, 그런 나쁜 놈이 다 있니? 내가 가서 확 혼내줄까?"라며 함께 흥분해 주는 것이죠. 물론, 이성적으로 판단했을 때 옆집 여자나 친구의 남자친구에게도 나름의 사정이 있을 수 있습니다. 하지만 지금 당장은 그들의 입장을 고려하기보다 그들의 감정에 공감하고 위로하는 것이 우선입니다.

물론, 무조건적인 편 들기가 항상 옳은 것은 아닙니다. 상황에 따라서는 객관적인 시각을 유지하고 잘잘못을 명확하게 판단해야 할 때도 있습니다.

하지만 감정적으로 힘든 친구나 가족에게는 묻지도 따지지도 말고 그들의 편이 되어 주세요. 진심을 담은 사과를 하려면 상대방의 감정을 먼저 헤아리는 정서적 공감 능력이 필수입니다. 상대방의 마음을 깊이 이해하고 공감할 때, 비로소 진심이 담긴 사과를 할 수 있고, 상대방의 마음을 움직일 수 있습니다.

지금 상대방에게 가장 필요한 건 감정의 동반자입니다. 판단은 잠시 멈추고 "나는 네 편이야."라고 말해주세요. 그 순간, 당신의 공감은 상대방에게 세상 가장 든든한 위로가 될 것입니다.

3장

마음의 문을
닫는 사람들

1

'미안'이라는 말로
관계를 끝내지 마세요

"미안, 우리 그만 만나자."

문자 메시지: 오랜만에 연락이 닿았지만, 돌아온 건 뜻밖의 이별 통보. "미안, 우리 여기까지 하자." 예고도 없이 '사과' 한 마디로 끝맺는 관계. 마치 '사과'가 쿨하고 깔끔한 이별의 정석인 것처럼.

카카오톡: 썸남에게서 온 메시지. "어제 일은 미안해. 생각해 봤는데 우리는 안 맞는 것 같아." 어제 무슨 일이 있었는지 기억조차 나지 않는데, 갑자기 '사과'와 함께 날아온 손절 통보. '사과'는 이제 '관심 없음'의 동의어가 되어버린 걸까요?

사과는 이제 '관계'를 정리하는 가장 간편한 도구가 되었습니다.

굳이 만나서 얼굴 붉힐 필요 없이, 긴 설명 없이, 그저 '미안하다.'는 문자 한 통이면 끝. 전화 한 마디면 끝. 깔끔하고 쿨하게 상대방에게 상처를 줄 걱정 없이 관계를 정리할 수 있습니다. 사과를 보면 그 사람이 나와의 관계를 대하는 깊이가 보입니다.

문자 한 통의 사과로 끝낸다는 것은 결국 그만큼 가벼웠던 사이를 나타내는 것입니다. 하지만, 이런 '사과'는 진정한 사과가 아닙니다. 그저 자신의 불편한 감정을 숨기고, 책임을 회피하기 위한 겁쟁이의 변명일 뿐입니다. '사과'라는 가면 뒤에 숨어 솔직한 감정을 외면하고, 진정한 소통을 거부하는 것은 아닐까요? 진실된 감정을 마주하고 상처를 줄 수 있다는 두려움 때문에 '사과'라는 쉬운 길을 택하는 것은 아닐까요?

진정한 마무리를 위한 사과

관계의 끝은 언제나 아프고 힘듭니다. 하지만 그 끝맺음이 '사과'라는 가벼운 단어 한 스푼으로 포장되어서는 안 됩니다. 진정한 마무리는 솔직한 감정과 책임감 있는 태도에서 시작됩니다.

때로는 진심을 담은 사과 한 사발이 필요할 수도 있습니다. 고작 몇 마디의 형식적인 사과가 아닌, 상대방의 마음을 헤아리고 진심으로 이해하려는 노력, 그리고 자신의 잘못에 대한 솔직한 인정과 반성이 담긴 풍성한 사과 한 사발은 상처를 치유하고, 존중을 표현하며, 아름다운 마무리가 될 수 있습니다.

"좋아요."는 쉽지만, "미안해."는 왜 어려울까요?

요즘 세상, 참 편리해졌습니다. 마음에 안 드는 사람? 차단 버튼 하나면 끝입니다. 굳이 얼굴 붉히며 힘든 사과를 할 필요도 없습니다. 복잡하게 얽힌 관계? 그냥 '손절'하면 그만입니다. SNS는 우리에게 '관계 다이어트'라는 달콤한 유혹을 속삭입니다. 하지만 잠깐, 뭔가 이상하지 않은가요?

우리는 '좋아요' 클릭 한 번으로 쉽게 얻는 만족감에 중독되어, 진정한 관계의 가치를 잊고 있는 것은 아닐까요? 마치 인스턴트 식품처럼 빠르고 간편하게 관계를 소비하고 맛이 없으면 가차 없이 버리는 것은 아닐까요?

마음의 문을 닫을 때, 가장 먼저 사라지는 것

물론 사과는 쉽지 않습니다. 자존심도 상하고, 때론 비난받을 용기도 필요합니다. 하지만 진심 어린 사과는 깨진 관계를 복원하고, 신뢰를 회복하며, 더 깊은 유대감을 만들어냅니다.

사과는 나를 깎아내리는 것이 아니라 오히려 나를 더 성숙하고 멋진 사람으로 만들어주는 주문입니다. SNS의 편리함 속에서도 잊지 말아야 합니다.

진정한 관계는 '좋아요' 숫자로는 결코 측정할 수 없습니다. 따뜻한 눈빛, 진심 어린 대화, 그리고 용기 있는 사과 속에서 피어나는 것입니다.

지금 당장은 차단 버튼이 편할지 몰라도, 결국 우리가 놓치고 있는 것은 그 무엇과도 바꿀 수 없는 소중한 '인간적인 연결'이 아닐까요? 더욱이, 가상 세계와 달리 현실은 냉혹합니다. 버튼 하나로 관계를 끊을 수 있는 SNS와 달리, 현실은 복잡하게 얽히고설킨 거대한 그물입니다.

가족, 친구, 동료… 우리는 수많은 사람들과 촘촘하게 연결되어 있으며, 그 관계는 쉽게 끊어낼 수 없습니다. 오히려 서투른 손절과 회피는 더 큰 상처와 후회를 남길 수 있습니다.

손절과 차단이 난무하는 SNS 시대, 우리는 진짜 중요한 것을 놓치고 있습니다.

진정한 관계의 가치를 되새기고 용기 있는 사과를 통해 따뜻한 인간적인 연결을 회복해야 합니다. 가상 세계의 편리함에 취해 현실의 소중한 관계를 잃어버리지 않도록 우리 모두 현명한 선택을 해야 할 때입니다. 마음의 문을 닫는 순간, 우리는 스스로를 고립시키고 관계의 가능성을 차단합니다. 쉽게 끊어내고 외면하는 습관은 결국 우리를 외롭게 만들 뿐입니다. 진정한 용기는 회피가 아니라 마음을 열고 진심을 나누는 데 있습니다.

"미안해."라는 말로 마음의 문을 닫지 마세요. 오히려 진심과 책임감을 담아야 합니다.

2

죄책감과 후회,
사과로 극복할 수 있어요

"3년을 만났던 연인과 헤어졌습니다. 사소한 오해였지만, 둘 다 자존심 때문에 먼저 사과하지 않았습니다. 시간이 흐르고, 감정은 퇴색되었지만, 마음 한구석에는 풀리지 않은 매듭이 남았습니다. '그때 내가 먼저 사과했더라면…' 후회는 흉터처럼 남아, 새로운 사랑을 시작할 때마다 그림자를 드리웁니다."

"직장 상사의 부당한 질책에 억울함을 느꼈지만, 꾹 참았습니다. '괜히 문제 만들고 싶지 않아.'라는 생각으로 입을 다물었지만, 마음속 응어리는 점점 커져만 갔습니다. 결국, 퇴사를 결심했습니다. 떠나는 순간까지 사과 한 마디 듣지 못한 채, 씁쓸한 뒷맛만 남았습니다."

"가족이기에 더욱 아픈 상처들이 있습니다. 어릴 적 부모님의 무심한 말 한마디, 형제자매와의 사소한 다툼… 시간이 흘러 희미해진 기억 속에서도, 그때의 상처는 여전히 생생하게 남아 있습니다. '미안하다.'는 말 한마디면 풀릴 수 있었던 일들이, 이제는 풀 수 없는 매듭이 되어 가족 간의 벽을 높이 쌓아 올립니다."

혹시, 당신도 이들처럼 사과하지 못한 후회로 괴로워하고 있지는 않나요?

진정한 사과가 없는 관계의 끝은 '공허'입니다. 후회, 미련, 분노, 슬픔… 그리고 '공허함'. 2023년 한국갤럽의 설문 조사에 따르면, 응답자의 78%가 '과거의 관계에서 사과하지 못한 것을 후회한 경험이 있다.'고 답했습니다.

지금, 당신의 마음속에는 풀리지 않은 매듭이 있나요? 아직 늦지 않았습니다. '사과 용기'를 꺼내 진심을 담아 건네세요. 늦은 사과일지라도, 진심이 담긴 사과는 마법처럼 엉킨 매듭을 풀고, 다시 따뜻한 연결을 만들어낼 수 있습니다.

답답한 마음, 사과가 필요한 순간

누군가에 대한 마음속에 풀리지 않는 감정이 남아 있다면, 단순히 몸의 문제가 아니기에 소화제로는 해결되지 않을 거예요. 마음의 문제는 마음으로 풀어야 하니까요. 그건 바로, 죄책감과 후회로 얽혀 있는 사과의 매듭입니다.

2021년 한국심리학회의 연구에 따르면, 죄책감을 느끼는 사람들은 그렇지 않은 사람들에 비해 우울증과 불안 장애를 겪을 확률이 2배 이상 높다고 합니다. 하지만 진심 어린 사과를 통해 죄책감을 해소하고 관계를 회복하면, 정신 건강에도 긍정적인 영향을 미칠 수 있습니다.

인생은 예측 불가능합니다. 중요한 일을 망치거나 사랑하는 사람에게 상처를 주는 등 예상치 못한 일들은 끊임없이 우리를 괴롭힙니다. 자책과 후회에 빠지는 것은 자연스러운 일이죠.

동시에 자신을 변호하려는 마음도 생깁니다. "내 잘못이 아니야.", "나도 어쩔 수 없었어." 이런 자기 합리화는 죄책감이라는 무거운 족쇄를 우리 발목에 채웁니다. 마치 발목에 무거운 족쇄를 차고 걷는 것처럼 죄책감과 후회는 우리를 짓누르고 앞으로 나아가지 못하게 합니다.

밤에 잠이 오지 않고 과거의 기억이 떠올라 괴로울 때, 혹은 사과하고 싶지만 용기가 나지 않아 괴로울 때, 우리는 마음속 깊은 곳에서 울리는 경고음을 들어야 합니다. "이제는 풀어야 할 때."를 말이죠.

사과, 마음의 족쇄를 푸는 열쇠

이런 상황에서 필요한 건 자기 합리화가 아닙니다. 상대방에게 진심으로 사과하는 것입니다.

"미안하다, 내가 경솔했다."와 같은 진솔한 사과는 상대방의 마음을 풀어 줄 뿐만 아니라, 자신을 치유하는 효과도 있습니다. 죄책감이라는 족쇄를 풀고, 자유롭게 앞으로 나아갈 수 있게 해줍니다.

예를 들어 친구와의 약속을 잊어버렸을 때, "깜빡했어, 정말 미안해. 다음 엔 꼭 기억할게."라고 솔직하게 사과하는 것이 변명하는 것보다 훨씬 낫습 니다.

혹은 연인에게 실수로 상처를 줬다면, "내 말이 너무 심했어, 진심으로 사 과할게. 앞으로는 더 조심할게."라고 진심을 담아 말하는 것이 중요합니다. 진심 어린 사과는 상대방과의 관계를 개선합니다. 자신을 되돌아볼 기회를 제공합니다.

물론 사과는 쉽지 않습니다. 자신의 잘못을 인정하고 상대의 감정에 공 감하며 같은 잘못을 반복하지 않겠다는 다짐이 필요합니다. 하지만 용기를 내어 진심으로 사과할 때, 우리는 후회와 자책에서 벗어나 자유와 행복을 찾을 수 있습니다. 그래서 더더욱 사과를 손해라고 생각하는 것은 섣부른 판단입니다.

사과는 결국 나를 위한 용기예요. 그것이 바로 진정한 '나'를 찾아가는 길 이니까요.

3

진심 없는 사과는
마음을 썩게 만들어요

어느 날, A 회사 앞에서 피켓을 든 중년 남성을 보았습니다. 깊게 팬 주름과 퀭한 눈, 깡마른 몸. 누가 봐도 지친 기색이 역력했습니다. 피켓에는 이렇게 쓰여 있었죠. "진심 어린 사과 한 번이면 될 것을… 왜 이렇게 힘들게 합니까?"

그의 이야기를 들어보니, 이 회사는 그에게 단 한 번도 진심으로 사과한 적이 없다고 합니다. 제품 결함으로 인한 피해, 직원의 실수로 인한 금전적 손실… 수많은 문제가 있었지만, 회사는 늘 "죄송합니다, 하지만…"으로 시작하는 변명과 함께 '법적 책임'만 따지며 '진심'은 쏙 빼놓은 '사과'를 했다고 해요.

그의 절규는 계속되었습니다. "돈이 문제가 아닙니다. 그저 진심 어린 사과 한마디면 될 것을… 왜 이렇게 사람을 힘들게 하는 겁니까?" 그의 모습은 '사과 실격' 시대의 슬픈 자화상입니다. '미안하다.'는 말 한마디가 뭐 그리 어려운 걸까요?

사실, 진심 없는 사과는 오히려 관계를 악화시킬 수 있습니다.

서울대학교 심리학과 연구팀의 연구 결과에 따르면, 진심 없는 사과는 상대방에 대한 신뢰도를 40%나 낮추고 관계 개선 의지도 25%나 낮춘다고 합니다. 사람들은 진심이 담긴 사과에만 반응하는 것이죠. 마치 건물을 지을 때 겉만 번지르르하게 꾸미는 것이 아니라 튼튼한 재료로 기초를 다져야 오랫동안 유지되는 것처럼, 관계도 진심으로 쌓아야 튼튼해지는 법입니다.

사회적 자본 이론에서도 이와 비슷한 이야기를 합니다. 이 이론에 따르면 사회적 신뢰는 사회 구성원 간의 협력과 연대를 가능하게 하는 중요한 자본입니다. 하지만 우리 사회는 '진심'보다 '법'을 앞세우고, '사과'보다 '책임 회피'에 급급해 사회적 신뢰를 쌓기 어려운 환경입니다. 이러한 현실 속에서 진정한 사과는 더욱 중요한 의미를 갖습니다.

진심 없는 사과, 우리 마음을 썩게 만드는 독

당신의 마음속에도 사과 공장이 있을 거예요. 갓 맺힌 사과는 푸르고 싱그럽습니다. 하지만, '효율'이라는 이름의 기계는 사과를 짓이겨 즙만 짜냅니다. 처음엔 누구나 진심을 담아 사과를 빚어냈습니다. 하지만 언제부턴가 '미안'은 입에 붙은 추임새가 되고, '잘못했어.'는 귀찮은 의무가 되었습니다. 진심 없는 사과는 썩은 과일 냄새를 풍깁니다. 받는 이의 마음을 긁고 관계의 뿌리를 잠식합니다.

반면, 상대의 마음 밭을 먼저 살피는 사람들은 다릅니다.

그들의 마음 공장은 햇살과 바람이 잘 드는 곳에 있습니다. 정성껏 빚은 사과는 맛이 깊고 향이 그윽합니다. 당신의 마음 공장은 지금 어떤 사과를 생산하고 있나요?

잊지 마세요. 당신이 뱉는 사과는 당신의 내면을 비추는 거울입니다. 진심 없는 사과는 결국 당신의 마음까지 썩게 만듭니다. 이제 선택해야 합니다. 썩어가는 공장을 방치할 것인가, 아니면 변화를 선택할 것인가.

법정은 진짜 사과를 위한 마지막 공간?

"진심으로 사과드립니다." 법정 드라마의 클라이맥스, 눈물을 흘리며 읊조리는 이 한마디. 하지만 현실은? 영화 〈변호인〉 속 송강호의 절규처럼, "대한민국 주권은 국민에게 있고 모든 권력은 국민으로부터 나온다. 국가란 국민입니다!"라고 외쳐야 겨우 들을 수 있는 귀한 말이 되었습니다.

"법대로 하시죠." 드라마 〈미생〉의 오과장처럼, "더 이상은 못 참겠습니다. 이건 엄연한 갑질입니다!"라고 외쳐야 움찔하는 세상. '미안하다'는 말 한마디면 될 일을, 왜 '법'이라는 잣대를 들이대야 하는 걸까요?

'사과'는 이제 법정에서 경매되는 '희귀 아이템'입니다.

진심은 사라지고, '법적 책임'이라는 가격표만 붙은 채. '미안하다.'는 말은 돈으로 살 수 없는 '진품'이지만 돈으로 따져 묻는 세상에서는 그 가치를 인정받지 못합니다.

하지만 가끔은, 정말 가끔은, 법정이라는 차가운 공간에서 '진짜 사과'라는 꽃이 피어나기도 합니다. 영화 〈소원〉에서처럼, 피해자에게 진심으로 용서를 구하는 가해자의 모습은 우리의 마음을 울립니다. '미안하다.'는 말 한마디가 때로는 법보다 더 큰 힘을 발휘할 수 있다는 것을 잊지 말아야 합니다.

'사과'는 '패배'가 아니에요. '용서'와 '화해'의 시작입니다. 법의 심판보다 더 중요한 것은 '사람의 마음'입니다.

'사과'에 대한 이모저모

사회적 자본 이론: 사회 구성원 간의 관계, 네트워크, 신뢰, 규범 등이 사회적 협력과 연대를 촉진하고, 사회 발전에 기여한다는 이론입니다. 로버트 퍼트남 (Robert Putnam) 등의 사회학자들이 주장했습니다. 사과는 사회적 자본을 형성하는 중요한 요소 중 하나입니다. 진심 어린 사과는 신뢰를 회복하고, 관계를 개선하며, 사회적 협력을 증진시키는 데 기여할 수 있습니다. (출처: Putnam, R. D. (2000). Bowling alone: The collapse and revival of American community. Simon and Schuster.)

4

"미안해"
세 글자만으로는 부족해요

"미안해."라는 단순한 한 마디, 때로는 진심을 담기에 턱없이 부족할 때가 있습니다. 사과에는 단순히 잘못을 인정하는 것 이상의 다양한 의미가 담겨 있습니다. 화해를 위한 손길, 책임감 있는 태도, 깊은 후회와 반성, 그리고 다시는 같은 잘못을 반복하지 않겠다는 약속까지.

"미안해."라는 말, 참 쉽죠? 하지만 그 속에 진짜 마음이 담겨 있지 않다면 울림 없는 메아리처럼 흩어져 버립니다. 사과는 단순히 말이 아니라, 상대방을 향한 마음입니다. 존중, 배려, 후회, 반성… 진심을 담아 전달해야 비로소 그 힘을 발휘합니다. 때로는 "미안해."라는 말보다 더 깊은 의미를 담아야 할 때가 있습니다. 예를 들어, 친구와의 약속을 어겼을 때, 단순히 "미안해."라고 말하는 것보다 "약속을 어겨서 정말 미안해. 네가 많이 실망했을 것 같아. 다음부터는 꼭 지킬게."와 같이 구체적으로 어떤 부분에서 미안한지, 상대방의 감정을 어떻게 헤아리는지 표현하는 것이 좋습니다.

하지만 사과의 진정한 의미를 제대로 이해하고 전달하지 못한다면, 쉽게 무뎌지고 맙니다. 상대방에게 진심을 전하고 싶다면 자신의 사과에 어떤 의미를 담고 싶은지 분명히 파악해야 합니다.

"미안해." 세 글자, 그 이상의 의미

"미안해."에 담긴 당신의 진심은 무엇인가요? "미안해, 우리 관계가 다시 회복되면 좋겠어."에는 관계 회복에 대한 간절한 바람이 담겨 있습니다. 상대방은 이 진심을 느끼고 함께 관계 회복을 위해 노력할 가능성이 높습니다. "미안해, 그동안 내 잘못을 인정하지 못했어. 큰 용기를 내서 말하는 거야."에는 자신의 잘못을 인정하고 용서를 구하는 진솔한 마음이 담겨 있습니다.

상대방은 이 용기에 감동하고 당신의 진심을 받아들일 가능성이 높습니다.

무엇을 담아 전달하느냐가 중요합니다. 단순히 "미안해."라고 말하는 것보다, 그 안에 담긴 의미를 명확하게 전달하는 것이 중요합니다. 당신의 진심이 상대방에게 정확하게 전달될 때, 사과는 비로소 그 힘을 발휘하고 관계 회복의 가능성을 열어줍니다.

단순히 "미안해."라는 말 속에 숨겨진 진짜 의미를 파악하는 것은 쉽지 않습니다. 하지만 몇 가지 센스 있는 방법을 통해 상대방의 진심을 읽어낼 수 있습니다.

"미안해." 속에 숨겨진 진짜 마음, 어떻게 찾아낼까요?

- **말투와 표정, 몸짓 언어에 주목하세요.**
  - 목소리 톤이 낮고 힘이 없다면? → 진심으로 미안해하고 후회하는 마음이 클 수 있습니다.
  - 시선을 피하고 어색하게 웃는다면? → 아직 완전히 솔직하지 못하거나 불편한 감정이 남아 있을 수 있습니다.
  - 손을 꼼지락거리거나 초조하게 행동한다면? → 긴장하고 있거나 불안한 마음을 드러내는 것일 수 있습니다.

- **사과 후 이어지는 말들을 놓치지 마세요.**
  - "다음부터는 절대 그러지 않을게." → 재발 방지를 약속하며 신뢰 회복을 위한 노력을 보여줍니다.
  - "네 기분이 어땠을지 생각하니 너무 속상해." → 상대방의 감정에 공감하고 이해하려는 태도를 보여줍니다.
  - "혹시 내가 앞으로 어떻게 하면 좋겠어?" → 잘못을 만회하고 관계 개선을 위한 적극적인 의지를 나타냅니다.
- **상황과 맥락을 함께 고려하세요.**
  - 평소 표현이 적은 사람이 먼저 사과했다면? → 그만큼 진심으로 미안해하고 관계를 중요하게 생각한다는 의미일 수 있습니다.
  - 사과까지 오랜 시간이 걸렸다면? → 자신의 잘못을 인정하고 사과하기까지 많은 고민과 갈등이 있었을 수 있습니다.
  - 사과와 함께 구체적인 해결 방안을 제시한다면? → 문제 해결과 관계 회복을 위한 진지한 노력을 보여줍니다.
- **직접 물어보는 것도 방법입니다.**
  - "진심으로 미안해하는 것 같아. 혹시 내가 뭐 해줄 수 있는 건 없을까?" → 상대방의 진심을 확인하고 관계 개선을 위한 대화를 이끌어낼 수 있습니다.
  - "네 사과 덕분에 기분이 좀 나아졌어. 앞으로는 ~하면 더 좋을 것 같아." → 긍정적인 피드백을 주면서 앞으로의 관계 개선에 대한 기대를 표현할 수 있습니다.

"미안해."는 세 글자에 담긴 무게로 전해야 해요. 그 이상의 마음을 담아야 합니다.

5

사과를 미루면
아는 사이도 남이 돼요

"아… 내가 그때 괜히 그랬나?"

친구와의 사소한 오해로 냉랭한 기류가 흐르는 요즘, 자꾸만 후회스러운 말들이 귓가에 맴돕니다. "미안하다."는 말 한마디면 될 것을 자존심 때문에 먼저 연락하지 못하고 시간만 흘려보내고 있네요. 친구도 혹시 나와 같은 마음일까요? 서로 눈치만 보며 누가 먼저 손 내밀지 타이밍을 재고 있는 듯한 이 어색함… 답답하기만 합니다.

어제 저녁, 퇴근하고 돌아온 남편의 얼굴이 어두웠습니다. 며칠 전 사소한 말다툼 이후 아내와의 사이가 냉랭해진 탓이죠. 아이는 엄마 아빠 사이에 흐르는 무거운 기류를 눈치채고 괜히 눈치만 살핍니다. "내가 먼저 사과해야 하는 걸까?" 남편은 고민에 잠깁니다. 하지만 쉽게 입이 떨어지지 않네요. 오늘 아침 출근길은 유난히 무겁기만 합니다.

고민이 된다는 건, 관계를 회복하고 싶다는 마음이 당신 안에 살아 있다는 증거입니다.

'할까 말까.' 망설여지는 건, 어쩌면 너무 멀어져 버릴까 봐, 혹은 거절당할까 봐 두려운 마음 때문일지도 몰라요. 하지만 가만히 눈을 감고 생각해 보세요. 나와 상대방을 연결하는 마음의 방문이 아직은 열려 있는 상태지만 시간이 흐를수록 점점 닫혀 가고 있을지도 모릅니다. "미안해."를 미루다 보면, 어쩌면 돌이킬 수 없는 순간이 찾아올지도 몰라요. "죄송합니다."라는 말만 남는 차가운 사이, 남보다 못한 사이가 될 수도 있다는 거죠.

사과는 꼭 "미안해."라고 말해야 하는 건 아니에요.

때로는 직접적인 사과보다 먼저 다가가는 용기가 더 큰 힘을 발휘할 수 있답니다. "잘 지내?"라는 다정한 안부 인사를 건네거나 "커피 한잔할까?"처럼 가벼운 제안을 해 보는 건 어떨까요?

혹은 "그때 일은…."이라며 조심스럽게 말문을 열어보는 것도 좋은 방법이에요. "요즘 날씨 좋더라", "그 드라마 봤어? 재밌더라."처럼 일상적인 이야기로 자연스럽게 대화를 시작해 보는 것도 좋겠죠. 중요한 건, 어떤 방식이든 먼저 손을 내밀고 마음의 문을 두드리는 거예요. 어쩌면 상대방도 당신과 같은 마음으로 누군가 먼저 다가와 주기를 기다리고 있었을지 몰라요.

이때는 이미 누가 먼저 손 내미느냐, 시간만 흐르고 있을 뿐입니다.

마치 팽팽하게 당겨진 줄다리기처럼 서로 눈치만 보며 시간을 낭비하는 거예요. 잘 알던 사람이 아무 사이도 아닌 게 되는 건 남이 되는 건 생각보다 훨씬 큰 스트레스로 다가옵니다. 우리는 사회적 동물로서 타인과의 관계 속에서 정체성을 확인하고, 소속감을 느끼며 살아가도록 설계되어 있기 때문이죠. 관계의 단절은 마치 퍼즐 조각 하나가 빠진 것처럼 우리를 불안정하고 불편하게 만듭니다.

단순히 후회에만 사로잡히지 마세요.

아직 우리에겐 관계 개선의 가능성이 남아 있어요. 지금 이 순간에도 마음속 작은 목소리가 속삭이고 있잖아요. "다가가 봐, 아직 늦지 않았어."라고 말이죠. 어른의 사과는 누가 지고 이기는 문제가 아니에요. 먼저 손 내미는 용기, 진심을 전하려는 노력, 그것이 바로 관계를 회복하는 열쇠입니다.

망설이지 마세요. 마음의 문이 완전히 닫히기 전에 용기를 내어 마음의 문을 두드려 보세요. 진심을 담은 당신의 노력은 닫혔던 마음의 문을 다시 열 수 있는 힘을 가지고 있답니다.

'사과'에 대한 이모저모

표현 규칙 이론: 사회언어학자인 수잔 어빈-트립(Susan Ervin-Tripp)이 제안한 이론으로, 특정 사회 또는 집단 내에서 언어적 표현 방식이 규칙에 의해 지배된다는 이론입니다. "미안해."라는 말을 남발하는 것은 사회적 규범이나 압력에 의해 사과를 해야 한다는 표현 규칙이 내면화되었기 때문일 수 있습니다. 하지만 때로는 "미안해."라는 직접적인 표현보다 침묵을 깨고 먼저 다가가는 행위, 즉 관계 회복을 위한 노력을 보여주는 것이 더 큰 의미를 가질 수 있습니다. 이때는 단순히 말로 표현하는 사과가 아니라, 진심으로 관계를 이어가고자 하는 마음, 상대방을 향한 배려와 존중을 행동으로 보여주는 것이 중요합니다. (출처: Ervin-Tripp, S. M. (1976). Is Sybil there? The structure of some American English directives. Language in society, 5(1), 25-66.)

6

사과에 인색할수록
서로가 아파요

"저는 그저 팀 분위기를 좋게 만들려고 했던 것뿐인데…"

A팀장은 최근 몇 달간 극심한 스트레스에 시달리고 있습니다. 부서원들에게 격의 없이 대하려는 의도였지만, 그의 말과 행동은 '개인에 대한 거리낌 없는 말과 추측성 발언, 험담'으로 이어졌고, 결국 직장 내 괴롭힘으로 신고까지 당하게 되었습니다. A팀장은 자신이 가해자가 되었다는 사실에 충격을 받았고, 이로 인해 극심한 스트레스를 호소하고 있습니다.

하지만 A팀장의 발언으로 인해 고통받는 것은 그 혼자만이 아닙니다. 피해자 B씨는 A팀장의 언행으로 인해 자존감에 깊은 상처를 입었고, 불안과 우울 증세를 겪으며 밤잠을 이루지 못하고 있습니다. 직장 내 괴롭힘으로 신고를 하긴 했지만, A팀장으로부터 진심 어린 사과를 받지 못한 B씨의 마음속에는 억울함과 분노가 가득합니다. 사건 이후 B씨는 업무에 집중하기 어려워졌고, 동료들과의 관계에서도 불편함을 느끼고 있습니다.

A팀장과 B씨의 사례는 사과의 부재가 개인에게 얼마나 큰 상처를 남기는지 보여주는 단적인 예입니다. 사과는 단순히 잘못을 인정하는 행위를 넘어 상대방의 고통을 공감하고 관계 회복을 위한 노력을 보여주는 중요한 표현입니다. 하지만 우리는 종종 죄책감, 억울함, 자존심 등의 감정에 얽매여 사

과를 망설이곤 합니다. 그 결과, 마음의 문을 닫고 더 큰 고통 속에 갇히게 됩니다. 마치 가시 돋친 담장을 높이 쌓아 올리는 것과 같습니다. 그 안에 갇힌 사람은 자신뿐 아니라 그에게 다가가려는 사람들까지 상처 입히게 됩니다.

사과의 부재가 초래하는 결과: 가해자와 피해자 모두의 고통

1. 가해자의 입장
- **죄책감과 자기 방어:** A팀장처럼 자신의 잘못을 인지하지 못하거나 인정하지 않으려는 경우, 죄책감과 자기 방어 기제가 작동할 수 있습니다. 이는 심리적 불안정을 야기하고, 대인관계에서 어려움을 겪게 만들 수 있습니다. 마치 늪과 같아서, 빠져나오려 할수록 더 깊이 빠져들게 됩니다.
- **사회적 고립:** 잘못을 인정하지 않고 책임을 회피하는 태도는 주변 사람들의 신뢰를 잃게 만들고, 결국 사회적 고립으로 이어질 수 있습니다. 관계의 다리가 무너지고, 섬처럼 홀로 남겨지는 것입니다.
- **법적 책임:** 직장 내 괴롭힘, 명예훼손 등의 경우 법적인 책임을 져야 할 수도 있습니다. 법의 심판대에 서게 되는 것은, 돌이킬 수 없는 결과를 초래할 수 있습니다.

2. 피해자의 입장
- **외상 후 스트레스 장애(PTSD):** 지속적인 괴롭힘이나 폭언은 트라우마를 유발하여 PTSD로 이어질 수 있습니다. PTSD는 불안, 우울, 섬광 회상, 악몽 등 다양한 증상을 동반하며, 정상적인 일상생활을 어렵게 만듭니다. 미국정신의학회(APA)의 진단 기준에 따르면, PTSD는 외상 사건에 대한 직접적인 경험, 목격, 또는 가까운 사람이 경험한 것을 알게 되는 것, 외상 사건에 대한 반복적이거나 극심한 노출 등으로 인해 발생할 수 있습니다. 직장 내 괴롭힘은

이러한 기준에 부합하며, 피해자에게 심각한 심리적 외상을 남길 수 있습니다. 마치 깨진 유리 조각처럼, 과거의 아픔이 현재의 삶을 끊임없이 찔러대는 고통을 선사합니다.

- **자존감 저하:** 피해자는 괴롭힘이나 폭언으로 인해 자신의 가치를 부정당하고, 자존감이 낮아질 수 있습니다. 심한 경우 자기 비난, 무기력, 우울증으로 이어질 수도 있습니다. 거울 속 자신의 모습이 낯설고, 초라하게 느껴지는 것입니다.
- **대인관계 어려움:** 외상 경험은 타인에 대한 불신감을 높이고, 새로운 관계 형성에 어려움을 겪게 만들 수 있습니다. 이는 사회적 위축 및 고립으로 이어질 수 있습니다. 사람들과의 관계 속에서 따스함을 느끼기보다는 가시 돋친 불안감에 휩싸이게 됩니다.

사과 한마디를 못해서 사건이 되는 현실

사과 한마디가 부족해서 개인적인 갈등이 사회적 사건으로 번지는 현실, 정말 안타깝습니다. 말씀하신 것처럼 우리 주변에서 흔히 볼 수 있는 일이죠.

- **개인의 인식 부족은 분명 큰 문제입니다.** 자신의 잘못을 인정하지 않고 '내가 뭐 그렇게 잘못했나?'라는 생각은 상대방의 마음에 더 큰 상처를 주고 갈등의 골을 깊게 만듭니다. 마치 작은 불씨가 큰 산불로 번지듯, 사소한 갈등이 돌이킬 수 없는 결과를 초래할 수 있습니다.
- **감정의 골 심화는 사과의 부재로 인해 더욱 악화됩니다.** 피해자는 사과를 받지 못하면 분노와 억울함이 쌓이고 가해자에 대한 불신감이 커지죠. 이는 단순한 갈등을 넘어 법적 분쟁이나 사회적 비난으로 이어질 수 있습니다. 결국 댐에 작은 균열이 생기면 결국 무너지듯, 사소한 갈등이 걷잡을 수 없는 상황으로 치닫게 되는 것입니다.
- **SNS와 언론을 통한 공론화 과정은 개인적인 갈등을 사회적 문제로 확대시키**

는 또 다른 요인입니다. 사건이 공론화되면 가해자는 사회적 지탄을 받게 되고, 피해자는 2차 피해에 노출될 위험이 있습니다. 개인 간의 문제가 사회 전체의 문제로 확산되는 것이죠.

- **직장 내 문제도 마찬가지입니다.** 직장 내 괴롭힘, 성희롱, 갑질 등은 피해자에게 엄청난 고통을 주지만, 가해자는 자신의 행동을 인지하지 못하거나, 사과를 하지 않고 회피하려는 경우가 많습니다. 직장 내 신고제도가 있지만, 피해자는 2차 피해나 불이익을 우려하여 신고를 망설이는 경우가 많습니다. 이러한 문제들은 결국 조직 전체의 분위기를 해치고 생산성을 저하시키는 결과를 초래합니다.

사과는 단순히 잘못을 인정하는 행위를 넘어, 상대방의 마음을 치유하고 관계를 회복하는 중요한 과정입니다. 진심 어린 사과는 갈등을 해결하고 더 나은 관계를 위한 첫걸음이 될 수 있습니다. 직장 내에서도 마찬가지입니다. 사과와 함께 재발 방지를 위한 노력이 이루어져야 건강한 조직 문화를 만들 수 있습니다.

우리 마음속에 품고 있는 사과를 꺼내야 될 때입니다.

꼭 사건으로 이어지지 않더라도, 우리 마음속에는 아직 꺼내지 못한 사과들이 있습니다. "그때 그 말은 하지 말았어야 했는데…", "내가 좀 더 배려했어야 했는데…"와 같은 후회와 미련이 남아 있습니다. 지금부터라도 용기를 내어 사과해야 합니다.

- **가해자가 되는 길에서 벗어나기:** 자신의 잘못을 인정하고 진심으로 사과하는 것은 가해자가 되는 길에서 벗어나는 첫걸음입니다.
- **피해자가 되는 길에서 벗어나기:** 용서를 구하고 받아들이는 과정을 통해 피해

자는 상처를 치유하고, 가해자는 죄책감에서 벗어날 수 있습니다.

사과를 통해 해결할 수 있는 일들은 아직도 많아요. 무엇보다 나에게 더 큰 상처가 되지 않기 위해서라도 사과하는 용기를 내어야 합니다.

'사과'에 대한 이모저모

PTSD(외상 후 스트레스 장애): 전쟁, 자연재해, 사고, 폭력 등 충격적인 사건을 경험한 후 발생하는 정신 질환입니다. 불안, 악몽, 회피, 각성 증가 등의 증상을 보이며, 일상생활에 어려움을 겪게 됩니다. PTSD를 겪는 사람에게 사과는 트라우마를 유발한 사건에 대한 책임 인정과 재발 방지 약속을 통해 심리적 안정감을 제공하고 회복을 도울 수 있습니다. 하지만 사과가 형식적이거나 진정성이 없다고 느껴질 경우, 오히려 트라우마를 재활성화시키고 증상을 악화시킬 수 있으므로 주의해야 합니다.

정서적 외상: 충격적인 사건 후유증으로 PTSD까지는 아니더라도 불안, 우울, 분노, 죄책감 등 다양한 심리적 어려움을 겪는 것을 의미합니다. 정서적 외상을 겪는 사람에게 사과는 고통을 공감하고 위로하는 과정을 통해 정서적 안정을 되찾고 부정적인 감정을 해소하는 데 도움을 줄 수 있습니다. 피해자의 감정에 민감하게 반응하고 공감하는 태도를 보여주는 것이 중요합니다.

대인관계 외상: 가까운 관계에서 발생한 배신, 학대, 폭력 등으로 인해 신뢰감 상실, 자존감 저하, 대인관계 어려움 등을 겪는 것을 말합니다. 대인관계 외상을 겪는 사람에게 사과는 관계 회복의 가능성을 제시하고, 신뢰를 재구축하는 첫걸음이 될 수 있습니다. 하지만 말뿐인 사과가 아닌, 변화된 행동과 지속적인 노력을 통해 진정성을 보여주어야 상처받은 마음을 치유하고 관계를 회복할 수 있습니다.

우리 모두에게 열려 있는 가능성: 가해자와 피해자를 위한 안내

　삶을 살아가다 보면 의도치 않게 누군가에게 상처를 주는 가해자가 되기도 하고, 예상치 못한 피해를 입기도 합니다. 누구도 가해자 또는 피해자의 위치에서 자유로울 수 없습니다. 이 글은 가해자와 피해자 모두에게 자신을 돌아보고 건강한 관계를 회복하기 위한 가이드를 제공합니다.

가해자를 위한 팁: 수치심을 넘어 피해자의 고통에 공감하기
1. 자신의 행동을 되돌아보세요.
자신의 언행이 상대방에게 어떤 영향을 미쳤는지 객관적으로 돌아보는 시간을 가지세요. "내가 했던 말과 행동이 상대방에게 어떤 감정을 느끼게 했을까?" 자문자답하며 자신의 행동을 반추해 보는 것이 중요합니다. 마치 영화를 다시 보듯, 자신의 행동을 객관적인 시각으로 돌아보세요.
2. 피해자의 고통에 공감해 주세요.
피해자의 입장에서 상황을 바라보고 그들의 고통을 공감하려는 노력을 기울이세요. 피해자의 이야기에 귀 기울이고, 그들의 감정을 이해하려는 자세가 필요합니다. 상대방의 마음에 귀 기울이고, 그들의 아픔을 함께 느껴보세요.
3. 2차 가해를 함께 예방해 주세요.
변명이나 책임 회피는 피해자에게 더 큰 상처를 줄 수 있습니다. 진심으로 사과하고 재발 방지를 위해 노력하는 모습을 보여주세요. 진정한 사과는 말뿐 아니라 행동으로 보여주는 것입니다.

4. 자신의 습관을 개선하세요.

자신의 언행이나 행동 패턴을 되돌아보고, 문제가 되는 부분을 개선하려는 노력을 기울이세요. 필요하다면 전문가의 도움을 받는 것도 좋은 방법입니다. 자신을 객관적으로 바라보고, 문제점을 인지하는 것이 변화의 시작입니다.

피해자를 위한 팁: 관계 외상을 극복하고 자신을 지키기

1. 나의 아픔을 받아들이세요.

괴롭힘, 폭언 등으로 인해 자신이 관계 외상을 겪고 있음을 인지하고, 이를 극복하기 위한 노력을 시작해야 합니다. 상처를 외면하지 말고, 마주하세요.

2. 전문가의 도움을 받을 수도 있어요.

심리 상담, 치료 프로그램 참여 등 전문가의 도움을 받는 것이 트라우마 극복에 효과적일 수 있습니다. 혼자 힘들어하지 말고, 전문가의 도움을 받는 것도 용기입니다.

3. 자신을 지키는 연습을 하세요.

자신의 감정과 생각을 표현하고, 필요하다면 단호하게 거절하는 연습을 하세요. 당신의 감정과 생각은 소중하며, 존중받아야 합니다.

4. 긍정적인 관계 형성, 포기하지 마세요.

가족, 친구 등 긍정적인 관계를 통해 지지와 위로를 얻고, 새로운 관계 형성을 시도하며 건강한 관계 맺는 연습을 하세요. 따스한 관계 속에서 당신은 다시 행복을 찾을 수 있습니다.

4장

사과 앞에서
나를 드러내는 용기

1

자기 방어 가면 속에
숨지 마세요

"내가 왜 사과해야 해?" 누구나 한 번쯤은 이런 생각을 해봤을 겁니다. 우리는 때때로 자신의 행동을 정당화하고, 상대방의 감정을 가볍게 여기며 사과를 회피하곤 합니다. 마치 가면을 쓴 것처럼, 진짜 모습을 숨기고 상처받은 사람들과의 관계를 외면하려 합니다. 하지만 진정한 어른이라면 자신을 객관적으로 돌아보고, 필요하다면 용기 있게 사과할 줄 알아야 합니다.

그런데, '나'를 마주하는 것은 왜 이리 어려울까요? 마치 깊고 어두운 동굴 속을 들여다보는 것처럼, 우리는 자신의 내면을 마주하는 것을 두려워합니다. 그 안에는 어둡고 부정적인 모습, 인정하고 싶지 않은 약점들이 숨어 있기 때문입니다. 마치 '반지의 제왕'의 골룸처럼, 우리 안의 어두운 모습은 우리를 끊임없이 속삭이며 사과로부터 멀어지게 만듭니다. "내 잘못이 아니야…", "사과할 필요 없어…."

'합리화'와 '투사'는 대표적인 자기 방어기제입니다.

심리학에서는 이처럼 자신을 보호하기 위해 무의식적으로 작동하는 심리적 메커니즘을 '자기 방어기제'라고 합니다.

- 합리화: "내가 그런 의도는 아니었어.", "상황이 어쩔 수 없었어."와 같이 자신의 행동을 정당화하며 책임을 회피하려는 것입니다.

● 투사: 자신의 부정적인 감정이나 생각을 타인에게 떠넘기는 것입니다. "쟤는 왜 저렇게 예민하게 굴어?"라고 말하며 상대방의 잘못으로 돌리는 것이 그 예입니다.

이러한 자기 방어기제는 마치 왜곡된 거울처럼, 우리의 시야를 가리고 자신의 모습을 제대로 인지하지 못하게 만듭니다. 〈이혼숙려캠프〉나 〈금쪽같은 내 새끼〉와 같은 프로그램에서도, 처음에는 자신의 문제를 인정하지 않고 상대방 탓으로 돌리는 모습을 흔히 볼 수 있습니다. 하지만, 자신을 마주하는 것은 고통스럽지만 진정한 성장을 위한 필수적인 과정입니다. 마치 어둠 속에서 길을 잃었을 때, 밝은 빛을 찾아 나아가야 하는 것처럼 말입니다. 자신의 부족한 점을 인정하고, 상처 준 사람에게 진심으로 사과할 때, 비로소 우리는 성숙한 어른으로 나아갈 수 있습니다.

이제, 용기를 내어 가면을 벗고 진실된 자신을 마주해 보세요. '가짜 나'는 잠시 숨을 곳을 마련해 줄지 몰라도 결국 진정한 행복과 성장을 가로막는 걸림돌이 될 뿐입니다.

2

미안하다면
되감기 훈련을 먼저 하세요

사과를 하기 전, 우리는 마치 영화의 한 장면을 되감아 보듯 자신의 행동을 객관적으로 돌아봐야 합니다. '되감기 훈련'이라고 들어 보셨나요? 되감기 훈련은 내가 했던 말과 행동, 그리고 그 안에 담긴 감정들을 마치 슬로우 비디오처럼 자세히 되짚어 보는 훈련입니다.

쉽게 말해, 상대방에게 상처를 준 내 모습을 다시 한번 돌아보고 반성할 수 있도록 도와주는 마법의 훈련 같은 것이죠.

하지만 우리의 기억은 완벽하지 않습니다.

때로는 감정에 휩쓸리거나 자기 방어기제 때문에 사건을 왜곡해서 기억하기도 합니다. 따라서 '되감기 훈련'은 단순히 '내 기억'에만 의존하는 것이 아닙니다. 상대방에게 직접 확인하는 것 또한 자신을 객관적으로 바라보는 중요한 방법입니다.

"혹시 내가 했던 말 중에 기분 상하게 한 말이 있었니?" 혹은 "내가 어떤 행동으로 너를 불편하게 했는지 말해줄 수 있겠니?"와 같이 상대방에게 직접 물어봄으로써, 우리는 자신이 미처 인지하지 못했던 부분까지 확인하고 진심으로 사과할 수 있습니다.

'되감기 훈련'을 통해 우리는 다음과 같은 질문들을 스스로에게 던져 볼 수 있습니다.

- 내가 어떤 말과 행동으로 상대방에게 상처를 주었는가?
- 내 말과 행동에 어떤 감정이 숨겨져 있었는가?
- 상대방은 나의 말과 행동을 어떻게 느꼈을까?
- 내가 상대방이었다면 어떤 기분이었을까?

이 질문들은 마치 되감기 버튼을 누른 후 장면 장면을 꼼꼼히 분석하는 것과 같습니다. 각각의 질문을 통해 우리는 자신의 행동을 다각적으로 분석하고, 상대방의 마음을 깊이 이해할 수 있습니다. 예를 들어, 친구가 힘든 프로젝트를 끝내고 지쳐 보일 때, "그렇게 힘들면 그만두지 그래?"라고 말했다고 가정해 봅시다.

- **내가 어떤 말과 행동으로 상대방에게 상처를 주었는가?**
친구의 힘든 상황을 가볍게 여기고, 노력을 깎아내리는 말을 했습니다.
- **내 말과 행동에 어떤 감정이 숨겨져 있었는가?**
"나는 너보다 힘든 일을 잘 견뎌내는데, 너는 왜 그렇지 못하지?"라는 비교하는 마음이나 "그냥 힘들다고 불평만 하지 말고 해결책을 찾아봐."라는 답답함이 숨겨져 있었을 수 있습니다.
- **상대방은 나의 말과 행동을 어떻게 느꼈을까?**
친구는 '내 힘든 마음을 이해하지 못하고, 오히려 비난한다.'고 느꼈을 수 있습니다.
- **내가 상대방이었다면 어떤 기분이었을까?**
내가 친구였다면, "나의 노력을 인정해주지 않고, 나를 깎아내리는구나."라고 생각하며 실망하고 자존심이 상했을 것 같습니다.

'되감기 훈련'은 이처럼 우리가 미처 깨닫지 못했던 부분까지 돌아보고 반성할 수 있도록 도와줍니다. 객관적인 시각을 제공하여, 자기 방어기제와 합리화에 갇혀 스스로를 정당화하고 상황을 왜곡하는 것을 막아줍니다.

'되감기 훈련'은 나도 몰랐던 모습을 발견하고 객관적으로 나를 바라보는 연습이에요. 불편하고 고통스럽더라도 상대방의 마음을 깊이 이해해야 진심 어린 사과를 할 수 있어요.

되감기 훈련 리모컨 사용 방법

이 리모컨에는 두 가지 버튼이 있습니다.

1. 기억 되감기 버튼

- **장면 선택:** 상처를 준 순간으로 기억을 되감아 봅니다. 마치 영화의 한 장면을 보듯, 그때의 상황, 당신의 말과 행동, 그리고 그 안에 담긴 감정들을 자세히 떠올려 보세요.
- **슬로우 모션 재생:** 놓치고 있던 부분은 없는지, 감정에 치우쳐 왜곡된 부분은 없는지 꼼꼼하게 확인합니다.
- **다시 보기:** 104 page 질문들을 스스로에게 던져 객관적인 시각을 유지하세요.

2. 주변인 채널 버튼

- **채널 변경:** 때로는 객관적인 시각을 얻기 위해 주변 사람들의 도움이 필요합

니다. 당신을 잘 아는 사람에게 그 상황에 대해 물어보세요.

- **다른 시각으로 재생:** "내 말이나 행동 때문에 네 마음을 상하게 했니? 네가 솔직하게 말해준다면 앞으로는 더 조심할 수 있도록 노력할게."와 같이 구체적으로 질문하여 당신이 미처 인지하지 못했던 부분을 확인합니다.
- **객관적인 정보 수집:** 주변인의 의견을 통해 자신을 객관적으로 바라보고, 상황을 정확하게 파악합니다.

3. 주의 사항

- 되감기 훈련은 불편하고 고통스러울 수 있지만, 진심 어린 사과를 위해 꼭 필요한 과정입니다.
- 주변인 채널 버튼을 사용할 때는, 상대방의 의견을 존중하고 감정적으로 대응하지 않도록 주의해야 합니다.

되감기 훈련 리모컨을 통해 자신의 행동을 객관적으로 돌아보고, 상대방의 마음을 깊이 이해하여 진심 어린 사과를 전해보세요.

3

사과는 관계의 거리와
높이에 따라 달라야 해요

　사과를 하기 전, '되감기 훈련'을 통해 자신을 객관적으로 바라보았다면, 이제 본격적인 사과를 위한 준비를 해야겠죠? 상대방의 마음을 제대로 이해하고 관계의 특징을 고려해야 진심이 제대로 전달될 수 있습니다. 마치 섬세한 요리를 할 때처럼 재료의 특성에 맞는 적절한 조리법을 사용해야 하는 것과 같은 이치입니다.

　그렇다면 어떻게 상대방을 고려한 사과를 할 수 있을까요? 바로 '관계 지도'를 펼쳐보는 것입니다. 관계 지도는 나와 상대방 사이의 '거리'와 '높이'를 보여주는 특별한 지도입니다.

'거리'는 친밀도를, '높이'는 권력 관계를 나타냅니다.

- **거리:** 나와 상대방 사이의 친밀도를 나타냅니다. 가까운 사이일수록 격의 없이 편안하게 소통할 수 있지만 멀게 느껴지는 사이일수록 예의를 갖추어 조심스럽게 소통해야 합니다.
- **높이:** 나와 상대방 사이의 권력 관계를 나타냅니다. 직장 상사와 부하직원처럼 수직적인 관계에서는 존중과 예의를 갖추는 것이 중요하고, 친구처럼 수평

적인 관계에서는 솔직하고 편안한 소통이 중요합니다.

마치 저울처럼 관계의 거리와 높이에 따라 사과에 담아야 할 진심의 무게가 달라지고, 온도계처럼 사과에 담아야 할 마음의 온도가 달라지는 것입니다.

사과는 관계에 따라 온도와 무게가 달라집니다.

- **온도**: 사과에 담긴 마음의 따뜻함을 의미합니다. 가까운 사이일수록 따뜻하고 편안한 사과가 적절하고, 멀게 느껴지는 사이일수록 격식 있고 정중한 사과가 필요합니다.
- **무게**: 사과에 담긴 진심의 크기를 의미합니다. 권위적인 관계일수록 무겁고 진중한 사과가 필요하고, 수평적인 관계일수록 가볍고 솔직한 사과가 어울립니다.

관계의 거리 재기: 친밀도에 따라 달라지는 사과의 온도

'관계의 거리'는 나와 상대방 사이의 친밀도를 의미합니다. 가까운 사이일수록 편안하고 격의 없는 표현을 사용하며, 멀게 느껴지는 사이일수록 예의를 갖춘 표현을 사용해야 합니다. 사과의 '온도' 또한 관계의 거리에 따라 조절해야 합니다.

- **가까운 거리**: 오랜 친구, 가족처럼 친밀한 관계에서는 가장 가까운 사이이지만, 그만큼 서운함이나 상처가 더 오래 갈 수 있습니다. "미안해."라는 말을 쉽게 하지 않고, 오히려 "당연히 이해해주겠지."라고 생각하며 넘어가는 경우가 많습니다. 하지만 가족에게도, 오랜 친구에게도 진심을 담아 사과하고, 감사하는 마음을 표현하는 것이 중요합니다. "미안해.", "내가 잘못했어."와 같이

편안하고 따뜻한 표현으로 사과할 수 있습니다. 감정 표현에 솔직하고, 진심을 담아 전달하는 것이 중요합니다. 마치 따뜻한 차 한 잔처럼 부드럽고 편안한 사과가 필요합니다.

- **중간 거리**: 직장 동료, 학교 친구처럼 적당한 친밀도를 가진 관계에서는 "아까는 미안했어요." "죄송합니다.", "제가 실수했습니다."와 같이 정중한 표현을 사용하는 것이 좋습니다. 가벼운 농담이나 장난으로 상황을 모면하려고 하는 것은 오히려 역효과를 낼 수 있습니다. 직장 동료에게는 예의를 갖추면서도 솔직하게 사과하는 것이 중요합니다. 업무와 관련된 실수라면 문제 해결을 위해 어떤 노력을 기울일 것인지 구체적으로 밝히는 것이 좋습니다. 상황에 맞는 적절한 예의를 갖추는 것이 중요합니다. 마치 미지근한 물처럼 적당한 온도를 유지하는 사과가 필요합니다.

- **먼 거리**: 처음 만난 사람, 업무적으로 만나는 사람처럼 멀게 느껴지는 관계에서는 "실례했습니다", "불편을 드려 죄송합니다."와 같이 격식을 갖춘 표현을 사용해야 합니다. 상황에 따라 가벼운 사과의 표시로 충분할 수도 있습니다. 하지만 상대방이 불쾌감을 느꼈다면 진심으로 사과하고 재발 방지를 약속해야 합니다. 정중하고 예의 바른 태도를 유지하는 것이 중요합니다. 마치 시원한 생수처럼 깔끔하고 예의 바른 사과가 필요합니다.

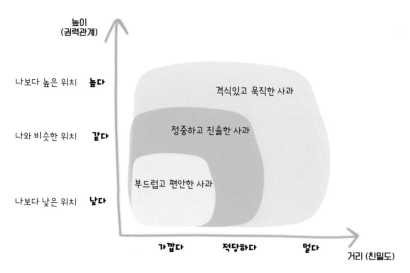

내 사과를 받을 상대방의 위치는 어디쯤일까요?
관계에 맞는 적당한 무게와 온도로 사과하세요.

관계의 높이 재기: 관계의 높낮이에 따라 달라지는 사과의 무게

'관계의 높이'는 나와 상대방 사이의 권력 관계를 의미합니다. 권력의 불균형을 인지하고 상대방의 입장을 존중하는 태도를 보여야 합니다. 사과의 '무게'는 관계의 높이에 따라 조절해야 합니다.

- **높은 높이**: 직장 상사, 선배, 교사 등 나보다 높은 위치에 있는 사람에게 사과할 때는 겸손하고 예의 바른 태도를 유지해야 합니다. "제가 부족했습니다.", "실망을 드려 죄송합니다."와 같이 낮추는 표현을 사용하는 것이 좋습니다. 마치 무거운 돌덩이처럼 진중하고 묵직한 사과가 필요합니다.

- **같은 높이**: 친구, 동료, 형제자매 등 나와 비슷한 위치에 있는 사람에게 사과할 때는 솔직하고 진솔한 태도로 마음을 전하는 것이 중요합니다. "내가 너무 심했어.", "기분 풀어.", "다음부터는 조심할게."와 같이 편안한 표현을 사용할 수 있습니다. 마치 가벼운 깃털처럼 부드럽고 진솔한 사과가 필요합니다.

- **낮은 높이**: 후배, 부하 직원, 자녀 등 나보다 낮은 위치에 있는 사람에게 사과할 때는 상대방의 감정을 더욱 세심하게 살피고, 진심으로 존중하는 태도를 보여야 합니다. "내가 너의 마음을 몰라줬구나.", "너의 입장을 생각하지 못했어."와 같이 공감하는 표현을 사용하는 것이 좋습니다. 마치 따뜻한 햇살처럼 포근하고 배려하는 사과가 필요합니다.

핵심은 관계의 거리와 높이에 따라 그에 맞는 적절한 무게와 온도의 진심을 담아 사과하는 것입니다. 관계 지도는 일반적인 특징을 설명한 것이며 실제 상대방이 관계 지도에서 어떤 위치에 있는지는 개인마다 다를 수 있어요. 상대방의 성격, 가치관, 상황 등을 종합적으로 고려하여 사과 방식을 조절해야 합니다.

관계의 지도를 펼쳐 거리와 높이를 확인했다면 이제 용기를 내어 적절한 무게와 온도의 진심을 전해 보세요.

'사과'에 대한 이모저모

사회적 거리 이론: 개인 또는 집단 간의 친밀도 및 사회적 관계의 정도를 거리 개념으로 설명하는 이론입니다. 사회적 거리가 가까울수록 친밀감과 협력이 증가하고, 멀수록 갈등과 차별이 증가합니다. 즉, 가까운 사이일수록 편안하고 격의 없는 사과가, 멀수록 예의를 갖춘 사과가 필요함을 시사합니다. (출처: Bogardus, 1925; Park, 1924)

권력 관계 이론: 개인, 집단, 사회 간의 권력 관계가 상호 작용 및 의사 결정에 미치는 영향을 분석하는 이론입니다. 권력은 자원의 불균등한 분배, 지위, 규범 등을 통해 형성됩니다. 권력 관계에 따라 사과 방식이 달라져야 함을 보여줍니다. (출처: Weber, 1947; Foucault, 1977; Bourdieu, 1984)

4

때로는 "미안하지 않아?"
먼저 물어봐 주세요

습관처럼 늦는 남편, "미안해, 회식이 좀 길어졌어."라는 말을 달고 살죠. 늘 지각하는 김 과장, "죄송합니다, 차가 막혀서…"라는 말이 입버릇처럼 되었고요. 익숙한 변명과 함께 건네는 뻔한 사과들. 하지만 우리는 그들의 사과에 진심으로 귀 기울이지 않습니다.

"또 똑같은 말을 반복하겠지."라는 생각에 귀를 닫아버리죠. 사과는 하지만, 사과를 듣지 않는 세상. 어쩌면 우리는 이미 사과에 대한 믿음을 잃어버린 건지도 모릅니다. 습관적인 사과, 진정성 없는 사과에 너무 많이 노출된 탓일까요? 우리 마음속에는 이미 냉소와 불신이 가득합니다.

우리는 어쩌다 사과를 믿지 않는 사람이 되어버렸을까요?

혹시 상처받는 것이 두려워서 진심을 외면하고 있는 것은 아닐까요? 혹은, 실망감에 지쳐 이미 마음의 문을 닫아버린 것은 아닐까요? "됐어, 됐어.", "알았어, 괜찮아." 이렇게 쉽게 넘어가는 태도에 우리 스스로 익숙해진 것은 아닐까요? 진정한 사과를 갈망하면서도 정작 상대방의 진심을 보려는 노력은 하지 않는 것은 아닐까요?

사과의 말은 넘쳐나지만, 진심은 부족한 시대입니다.

"미안해."라는 말은 습관처럼 툭 던지는 형식적인 인사가 되어버렸고 습관적인 사과는 진정한 반성 없이 상황을 모면하기 위한 도구로 전락해버렸습니다. 우리는 사과의 진정성을 의심하고 상대방의 변화를 기대하지 않습니다. "어차피 또 똑같을 거야."라는 생각으로 마음의 문을 닫아버리죠. 마치 높은 벽을 쌓아 올리듯, 상대방의 진심이 닿지 못하도록 가로막고 있는 것입니다.

"미안하지 않아?"라는 용기 있는 질문

"미안하지 않아?"에는 비난이나 꾸짖음이 아닌 걱정과 격려의 마음이 담겨야 합니다. "네가 잘못한 것을 알고 있니?"라는 차가운 말투가 아니라 "혹시 내 마음이 어떨지 생각해 봤어?"처럼 따뜻한 물음이어야 합니다. 미안하다고 말하지만, 상대에게서 더 긍정적인 변화를 원한다면 사과를 받는 사람이 용기 내어 알려주고 물어봐야 합니다.

상대방의 마음을 움직이는 진솔한 대화

미안하다고 말하지만 상대에게서 더 긍정적인 변화를 원한다면 사과를 받는 사람이 용기 내어 알려주고 물어봐야 합니다. 상대방이 놓치고 있는 점이 있다면 구체적으로 알려주는 것이 중요합니다. 상대방의 행동이 당신에게 어떤 영향을 미쳤는지, 당신이 어떤 감정을 느꼈는지, 솔직하게 이야기해야 합니다. 이는 단순히 상대방을 비난하거나 꾸짖기 위한 것이 아닙니다. 상대방이 자신의 잘못을 객관적으로 인지하고 진심으로 반성할 수 있도록 돕기 위한 것입니다.

상대방의 입장에서는 미처 생각하지 못했던 부분을 깨닫고 자신의 행동을 되돌아볼 수 있는 기회가 될 수 있습니다. 예를 들어, 친구가 약속 시간에 30분이나 늦었을 때, "늦어서 미안하다고만 할 게 아니라, 내가 얼마나 초조하고 걱정했는지 생각해 봤어? 네 행동 때문에 내가 얼마나 힘들었는지 알아줘."와 같이 구체적으로 이야기하는 것입니다.

"미안하지 않아?" 질문 활용법: 진심을 묻는 질문

'미안하지 않아?' 질문, 이럴 때 필요해요.

- **습관적인 사과:** "미안해."라는 말을 습관처럼 반복하며 진정성 없는 태도를 보일 때
- **변화 없는 행동:** 말로는 사과하지만, 똑같은 실수를 반복하며 행동의 변화가 없을 때
- **무성의한 태도:** 상대방의 사과가 형식적이고 무성의하게 느껴질 때
- **회피하는 태도:** 상황을 모면하려는 의도가 보이고, 진지한 반성이 부족하다고 느껴질 때
- **감정의 불일치:** 상대방은 사과했다고 생각하지만, 당신은 여전히 상처받고 답답함을 느낄 때

"미안하지 않아?" 효과적으로 묻는 기술

1. **상황 파악은 기본:** 가벼운 실수나 사소한 오해는 너그럽게 웃어넘기는 것이 현명합니다. "미안하지 않아?"라는 질문은 상대방의 반복적인 잘못이나 진정성 없는 태도에 사용하는 것이 효과적입니다.
2. **진심을 담아 부드럽게:** "혹시 내 마음이 어떨지 생각해 봤어?" 또는 "내가 얼마나 속상했는지 느껴졌어?"와 같이 걱정과 염려를 담아 부드럽게 질문하세요. 상대방을 비난하거나 꾸짖는 듯한 말투는 피해야 합니다.
3. **구체적인 상황과 감정 묘사:** 단순히 "미안하지 않아?"라고 묻는 것보다 "어제 네가 갑자기 약속을 취소했을 때, 내가 얼마나 실망하고 속상했는지 알아?"와 같이 구체적인 상황과 당신의 감정을 솔직하게 이야기하는 것이 중요합니다.

4. **따뜻한 공감과 솔직한 감정 표현:** "나도 네가 바쁜 건 알지만, 그래도 네 말한마디에 내가 얼마나 기뻤는지, 그리고 취소되었을 때 얼마나 허무했는지 솔직하게 말해주고 싶었어."처럼 상대방의 입장을 이해하면서도 당신의 감정을 솔직하게 표현해 보세요.
5. **적절한 타이밍과 분위기:** 혼자만의 시간을 갖거나 차분한 분위기에서 진술한 대화를 시도하는 것이 좋습니다. 흥분하거나 감정적인 상태에서는 오해가 생기기 쉽습니다.

주의 사항

- "미안하지 않아?"라는 질문은 자칫 공격적으로 들릴 수 있으므로 부드러운 어조와 표정으로 진심을 담아 전달하는 것이 중요합니다.
- 상황에 맞지 않게 사용하면 오히려 관계를 악화시킬 수 있으므로 주의해야 합니다.

때로는 먼저 물어보고 알려주세요. "미안해."라는 말은 넘쳐나지만 진심이 부족한 시대입니다. 습관적인 사과에 익숙해진 우리들에게 "미안하지 않아?"라는 질문은 잠시 멈춰 서서 자신의 행동을 되돌아보고 상대방의 마음을 헤아려 볼 수 있는 소중한 기회를 제공합니다.

사과를 믿지 않더라도 내 소중한 관계는 믿어보세요. 때로는 먼저 물어보는 용기가 상대의 마음을 열고 진심을 꺼낼 수 있습니다.

5

포기 대신
존중받고 싶다고 말해보세요

"미안해, 다시는 안 그럴게." 익숙한 그 말, 얼마나 많이 들어보셨나요? 마치 앵무새처럼 반복되는 사과, 하지만 변하지 않는 행동. "사과는 밥 먹듯이 하는데, 고쳐지지는 않아." 결국 '사과'라는 단어는 메아리처럼 귓가를 맴돌 뿐, 마음에는 닿지는 않죠.

처음에는 "그래, 이번에는 정말 달라지겠지." 하는 희망을 품었을지도 모릅니다. 하지만 똑같은 실수가 반복될 때마다 희망은 실망으로 바뀌고, 결국에는 "또 사과만 하겠지." 하는 냉소적인 마음만 남게 되기도 하죠. 지쳐버린 마음은 관계 자체를 회의하게 만들고, "이 관계를 계속 유지해야 할까?" 하는 고민에 빠지게 합니다. 마치 밑 빠진 독에 물을 붓는 것처럼, 아무리 사과를 받아도 갈증은 해소되지 않고 공허함만 커져갑니다.

끊을 수 없는 인연의 굴레, 그 안에서의 갈등

직장 동료, 가족, 오랜 친구… 우리 삶에는 끊을래야 끊을 수 없는 인연들이 존재합니다. 그들의 반복되는 실수와 습관적인 사과에 지쳐 포기하고 싶을 때도 있지만 관계를 쉽게 끊어낼 수는 없는 노릇입니다. 가족이라면 더욱 그렇습니다. 피를 나눈 사이라는 끈끈한 연결고리는 쉽게 끊어지지 않습니다. 오랜 시간 함께 해 온 친구 관계도 마찬가지입니다. 수많은 추억과 경험을 공유하며 쌓아온 깊은 유대감은 쉽게 놓아버릴 수 없습니다. 마치 오래된 나무처럼 뿌리가 깊게 내려 쉽게 뽑히지 않는 것과 같습니다.

포기 대신, '나'를 이야기하기 – 존중받고 싶은 마음

그렇다면 어떻게 해야 할까요? 포기하는 대신, '나'의 욕구를 솔직하게 이야기해 보는 건 어떨까요? "내가 하지 말랬지? 몇 번을 말해? 네 사과를 내가 믿을 것 같아?"와 같이 상대방을 비난하는 말 대신 "나도 존중받고 싶어. 네가 그렇게 약속을 어길 때마다 나를 무시하는 것 같아 속상해."처럼 '나'의 감정을 솔직하게 표현하는 것입니다.

상대방의 행동으로 인해 내가 어떤 감정을 느끼는지, 그리고 내가 진정으로 원하는 것이 무엇인지 명확하게 전달해야 합니다. 마치 가슴 속에 쌓아둔 이야기를 꺼내놓 듯 솔직하고 용기 있게 '나'를 표현하는 것입니다.

'나'를 이야기하는 존중을 얻는 소통법

1. 내가 느끼는 감정에 집중하고 표현해 주세요.

상대방의 행동에 대한 나의 감정을 명확하게 인지하고, '나'를 주어로 하여 표현해보세요. 예를 들어, 직장 상사가 중요한 프로젝트에서 나의 의견을 묻지 않고 결정했을 때, "왜 제 의견은 무시하세요?"라고 비난하기보다는 "저는 이번 프로젝트에 제 의견이 반영되지 않아 서운하고 존중받지 못하는 기분이 들었어요." 라고 말하는 것이죠.

2. 구체적인 상황을 언급해 주세요.

어떤 상황에서 존중받지 못한다고 느끼는지 구체적으로 설명하면 상대방이 당신의 감정을 더 잘 이해할 수 있습니다. "항상 나를 무시하는 것 같아."보다는 "내가 어제 회의에서 발표할 때, 네가 딴짓을 해서 내 의견이 존중받지 못한다는 기분이 들었어."라고 말하는 것이 효과적입니다. "가족 여행을 계획할 때, 나의 의견은 묻지 않고 일방적으로 결정하는 것은 존중이 부족한 행동이라고 생각해."와 같이 구체적인 상황을 들어 설명하면 상대방이 당신의 마음을 더 잘 이해할 수 있습니다.

3. 바라는 점을 명확히 전달해 주세요.

단순히 불만을 토로하는 것을 넘어 상대방에게 어떤 변화를 기대하는지 명확하게 전달해야 합니다. "앞으로는 내 의견도 경청해주면 좋겠어." 또는 "나와의 약속을 지켜주면 좋겠어."와 같이 구체적인 행동 변화를 요구하는 것이 중요합니다. "나의 시간, 나의 생각, 나의 감정을 존중해줬으면 좋겠어."와 같이 '존중'이라는 가치를 명확하게 전달하는 것도 잊지 마세요. "친구 사이에도 서로의 시간을 존중하는 것은 매우 중요하다고 생각해. 늦을 때는 미리 연락해주면 좋겠어."와 같이 구체적인 요청을 덧붙이면 더욱 효과적입니다.

'존중'을 통해 관계를 바꾸는 힘

"나도 존중받고 싶어."라는 말은 단순한 불만 표현이 아닙니다. 상대방과의 관계 개선을 위한 적극적인 소통 방식입니다. 자신의 욕구를 솔직하게 표현하고, 상대방의 변화를 이끌어냄으로써 더욱 건강하고 긍정적인 관계를 만들어갈 수 있습니다.

'존중'을 기반으로 한 소통은 상호 이해와 신뢰를 증진시키고 더 나아가 서로를 성장시키는 원동력이 됩니다. 마치 각자의 개성을 존중하며 아름다운 하모니를 만들어내는 오케스트라처럼 '존중'은 관계의 아름다운 선율을 만들어내는 지휘자와 같습니다.

'사과'를 요구하는 것보다 '존중'을 요청하는 것이 훨씬 더 현명할 수도 있습니다.

사과는 단순히 과거의 잘못에 대한 인정일 뿐 미래의 행동 변화까지 보장하지는 않습니다. 하지만 '존중'은 상대방의 태도와 행동 변화를 이끌어내어 관계 자체를 긍정적인 방향으로 이끌 수 있습니다. '존중'은 마치 관계의 토양을 비옥하게 만드는 영양분과 같아서, 관계가 건강하게 뿌리내리고 성장할 수 있도록 돕습니다.

물론 상대방이 일부러 사과를 하지 않는 것은 아닐 것입니다. 어쩌면 '존중'의 의미를 제대로 이해하지 못하거나, '존중'을 표현하는 방법을 모르는 것일 수도 있습니다. 혹은 자신의 방식대로 행동하는 것에 익숙해져서 타인의 감정에 둔감해진 것일 수도 있습니다.

이럴 때일수록 '나도 존중받고 싶다.'는 메시지를 명확하게 전달하여 상대방의 인식 변화를 촉구해야 합니다. 마치 길 잃은 아이에게 따뜻한 손길을 내밀어 올바른 길로 인도하듯, '존중'의 중요성을 일깨워주어야 합니다.

포기하지 마세요, 당신은 존중받을 가치가 있습니다. 당신의 솔직한 감정 표현은 상대방의 변화를 촉구하고, 더 나아가 관계를 회복하고 발전시키는 소중한 계기가 될 것입니다.

'사과'에 대한 이모저모

매슬로우의 욕구 단계 이론: 인간의 욕구를 5단계로 나누어 설명하는 이론입니다. 생리적 욕구, 안전 욕구와 같은 기본적인 욕구가 충족된 후에는 소속감과 사랑, 존중의 욕구를 추구하게 됩니다. 존중받고 싶어하는 욕구는 단순한 사치가 아니라, 인간의 기본적인 욕구이며, 이 욕구가 충족될 때 비로소 자존감을 갖고 행복한 삶을 살아갈 수 있습니다. (출처: Maslow, 1943)

6

사과를 부끄럽게
여기지 말아요

지하철에서 흔들리는 손잡이에 잡으려다 옆 사람의 발을 밟았습니다. 순간 얼굴이 화끈거리고 머릿속이 복잡해집니다. '사과해야 하나? 아니, 그냥 모른 척할까?' 회의실에서 중요한 발표를 하는 도중, 자료에 오류가 있음을 발견했습니다. 심장이 쿵쾅거리고 식은땀이 흐른다. '솔직하게 실수를 인정해야 할까? 아니면 어떻게든 넘겨야 할까?'

우리 종종 사과해야 할 상황에서 망설입니다. 사과는 왠지 자존심 상하는 일 약점을 드러내는 일처럼 느껴지기 때문입니다. '사과하면 괜히 얕보이지 않을까?', '상대방이 나를 비난하면 어쩌지?'와 같은 걱정으로 사과를 꺼리는 경우도 있습니다.

하지만 세계적인 두뇌 전문가 짐 퀵은 그의 저서 『마지막 몰입』에서 "실수로 나를 규정하지 말라."고 강조합니다. 실수는 누구나 할 수 있는 것이며 오히려 실수를 통해 배우고 성장할 수 있다는 것입니다. 사과를 부끄럽게 여기는 것은 『마지막 몰입』에서 경계하는 태도입니다. 스스로를 '실수하는 사람'으로 규정하고 잠재력을 제한하는 것과 같습니다. 짐 퀵은 어린 시절 뇌손상으로 학습에 어려움을 겪었지만, 스스로를 '느린 학습자'로 규정하지 않고 끊임없는 노력을 통해 한계를 극복했습니다. 우리도 실수에 좌절하지 않고 사과를 통해 다시 일어설 수 있습니다.

사과가 부끄러운 당신이 놓치고 있는 4가지

- **실수는 누구나 합니다. 그리고 또 할 수도 있습니다.**
  완벽한 사람은 없습니다. 실수는 인간이라면 누구나 경험하는 자연스러운 과
  정입니다. 중요한 것은 실수를 통해 배우고 성장하는 것입니다. 실수를 했다
  고 해서 자신을 탓하거나 좌절하지 마세요. 오히려 실수를 통해 자신의 부족
  한 점을 깨닫고, 다음에는 같은 실수를 반복하지 않도록 노력하는 것이 중요
  합니다.

- **실수는 '나'라는 사람을 정의할 수 없습니다.**
  단 한 번의 실수로 당신의 모든 것을 판단할 수는 없습니다. 당신은 실수보다
  훨씬 크고 멋진 사람입니다. 실수에 얽매여 스스로를 부정적으로 규정하지
  마세요. "나는 왜 이럴까?"라는 자책은 오히려 성장을 가로막는 걸림돌이 될
  뿐입니다. 자신을 믿고, 긍정적인 마음으로 앞으로 나아가세요.

- **사과, 지금 피하면 그 실수 또 할 수도 있습니다.**
  지금 당장의 불편함을 피하기 위해 사과를 미루거나 회피한다면, 문제의 근
  본적인 원인을 해결하지 못하고 결국 같은 실수를 반복하게 될 가능성이 높
  습니다. 사과는 단순히 과거의 잘못을 덮는 것이 아니라, 미래를 향해 나아가
  는 발판입니다. 사과를 통해 자신을 되돌아보고, 같은 실수를 반복하지 않도
  록 노력하는 계기를 만들 수 있습니다.

- **우리는 생각보다 밀접하게 연결되어 있습니다.**
  "그 사람, 다시는 안 볼 거니까 괜찮아."라고 생각할 수도 있습니다. 하지만
  세상은 생각보다 좁고, 우리는 보이지 않는 실로 연결되어 있습니다. 언젠가
  어떤 방식으로든 다시 마주칠 수도 있습니다. 사과는 단순히 상대방과의 관

계 개선뿐 아니라 당신의 평판과 이미지에도 영향을 미칠 수 있습니다. "그 사람, 참 괜찮은 사람이야."라는 평가를 받을지, "그 사람, 좀 무례하더라."라는 평가를 받을지는 당신의 선택에 달려 있습니다.

사과, 삶의 태도를 바꾸다.

사과는 '미안하다.'는 말을 전하는 행위를 넘어 삶을 대하는 태도를 보여주는 것입니다. 상대방과의 관계 개선뿐 아니라, 당신의 평판과 이미지에도 영향을 미칠 수 있습니다. "아니, 뭐 저런 일로 사과까지 해?"라고 생각할 수도 있지만 의외로 사람들은 사소한 실수에도 솔직하게 사과하는 사람에게 호감을 느낍니다. "그 사람 참 괜찮은 사람이네."라는 말을 듣게 될 가능성이 높아지는 것이죠. 실수를 인정하고 책임을 지는 것은 물론 변화하려는 의지 그리고 상대방에 대한 존중과 배려를 보여주는 것입니다. 사과에 적극적인 사람은 실수를 통해 배우고 성장하며 주변 사람들과의 관계에서도 신뢰를 쌓아갑니다. 이는 곧 삶의 만족도를 높이는 데에도 큰 영향을 미칩니다.

제대로 된 사과는 실수를 넘어 새로운 변화의 시작이에요. 삶의 태도를 바꾸고 더 나은 사람이 될 수 있도록 도와줍니다.

'사과'에 대한 이모저모

성장 마인드셋(Growth Mindset): 심리학자 캐럴 드웩(Carol Dweck)이 제시한 개념으로, 능력은 고정된 것이 아니라 노력을 통해 개발될 수 있다고 믿는 사고방식을 말합니다. 짐 퀵은 『마지막 몰입』에서 성장 마인드셋을 강조하며, 실수를 통해 배우고 성장할 수 있다고 주장합니다. 실수를 딛고 일어서는 것은 성장 마인드셋의 중요한 부분이며, '사과'는 이러한 성장을 위한 긍정적인 행동입니다.

(출처: Dweck, C. S. (2006). Mindset: The new psychology of success. Random House.)

5장

사과는 결코
가볍지 않아요

1

돈으로 해결하려는 것은
진정한 사과가 아니에요

"진심 10%, 보상 90%, 견적서 첨부 바랍니다."

요즘 세상에 사과하려면 견적서부터 뽑아야 하는 걸까요? '진심으로 미안하다.'는 말 한마디로는 씨알도 안 먹히는 경우가 많죠. 돈으로 모든 걸 해결하려는 세태 속에서 사과마저도 가격표가 붙어버린 것 같아요.

유명 아이돌 그룹의 멤버가 음주운전 사고를 냈습니다. 그는 곧바로 SNS에 자필 사과문을 올렸지만, 대중의 반응은 싸늘했습니다. "반성은 하는 거야?", "진심으로 미안하면 활동을 중단해야지!" 비난이 쏟아졌습니다. 사과의 진정성은 뒷전이고, 그의 과거 행적이나 앞으로의 활동 여부에만 관심이 집중되는 현실. 정작 피해자의 상처는 돈으로도 활동 중단으로도 치유될 수 없는데 말이죠. 이처럼 돈으로 모든 것을 해결하려는 세상의 차가운 시선은 피해자의 상처를 더욱 덧나게 합니다.

보상 논쟁, 피해자에게 또 다른 폭력

진정한 사과를 원하는 그들에게 보상 논쟁은 공허한 외침일 뿐입니다. 돈 몇 푼으로는 결코 치유될 수 없는 마음의 상처는 점점 더 깊어져만 갑니다. 피해자들은 돈이 아닌 진심 어린 사과와 존중을 원합니다. 그러나 돈으로 모든 것을 해결하려는 세상의 태도는 그들의 존엄성을 훼손하고, 또 다른 상처를 남깁니다.

책임자의 부재, 공허한 사과

"고객님, 불편을 드려 죄송합니다." 이 말, 최근에 몇 번이나 들었나요? 콜센터 직원의 기계적인 사과, 대기업 대변인의 형식적인 사과문… 우리는 모두 압니다. 그들의 잘못이 아니라는 것을. 하지만 우리는 화가 납니다. 진짜 책임져야 할 사람들은 어디에 있는 걸까요? 왜 그들은 모습을 드러내지 않는 걸까요? 책임자들은 마치 투명 망토라도 쓴 듯 숨어버리고 앞에 나선 사람들은 앵무새처럼 훈련된 사과만 반복합니다.

한국소비자원의 설문조사에 따르면, 기업의 사과에 대해 '진정성이 느껴지지 않는다.'는 응답이 70%를 넘는 것으로 나타났습니다. 그들은 책임지기를 두려워하고 비난받는 것을 피하고 싶어 합니다. 그 결과 우리는 진심 없는 사과, 껍데기뿐인 사과만 듣게 됩니다.

우리는 그들의 "죄송합니다."에 더 이상 마음이 움직이지 않습니다. 그것은 진정한 사과가 아니기 때문입니다. 그것은 그저 '대본'일 뿐, 그들의 진심은 담겨 있지 않습니다. 우리는 그들의 얼굴을 보며, 그들의 목소리를 들으며, 그 뒤에 숨은 '진짜' 책임자의 부재를 느낍니다. 그리고 그 공허함에 더욱 분노합니다.

진정한 사과, 행동하는 용기

우리는 책임 없는 사과에 더 이상 속지 않습니다. 우리가 원하는 것은 진심으로 자신의 잘못을 인정하고 책임 있는 행동을 보여주는 것입니다. 숨어 있는 책임자들이여 이제 그 가면을 벗고 앞으로 나오세요. 진정한 사과는 말이 아닌 행동으로 증명되는 것입니다. 어느 누가 용기 있게 이 사과 실격 시대에 변화를 주도할까요? 그 용기를 기다려 봅니다.

사과는 책임지는 거예요. 돈으로는 마음을 살 수 없습니다.

2

'척' 하는 사과는
진짜 소통을 가로막아요

혹시 주변에 '미안하다.'는 말을 입에 달고 사는 사람들이 있지 않나요? 친구와의 약속 시간에 늦어놓고 '미안' 한마디로 넘어가려는 친구, 연인의 기분을 상하게 하고도 "미안하다면 다야?"라고 반문하는 연인, 심지어 가족에게 막말을 하고도 "미안해."라고 형식적으로 사과하는 가족까지. 그들의 사과는 진심일까요? 아니면 단순히 자기 방어를 위한 기술일까요? 우리는 "미안해."라는 말, 그 속에 숨겨진 진짜 의미를 살펴봐야 합니다.

보여주기식 사과: "나 착한 사람이야, 봐 봐!"

SNS에 올라오는 화려한 사과문, 눈물을 흘리며 대국민 사과를 하는 유명인들… 그들의 사과는 진심에서 우러나온 것일까요, 아니면 이미지 관리를 위한 쇼일까요? 최근 설문조사에 따르면 응답자의 60%가 유명인의 사과에 진정성이 느껴지지 않는다고 답했습니다. 보여주기식 사과는 대중의 비난을 피하고 자신의 이미지를 지키기 위한 수단에 불과합니다. 그들은 진정으로 반성하기보다는 자신의 잘못을 감추고 책임을 회피하는 데 급급합니다. 마치 "나 착한 사람이야, 봐봐!"라고 외치는 듯한 그들의 모습은 씁쓸함을 자아냅니다.

퉁치기 사과: "미안하다고 했잖아, 그럼 됐지?"

"미안하다고 했잖아, 왜 자꾸 그래?", "내가 사과했으니 이제 끝난 거 아니야?" 퉁치기 사과는 상대방의 감정보다는 자신의 편의를 우선시하는 이기적인 행동입니다. 그들은 사과를 통해 상황을 빠르게 종료하고, 더 이상의 책임을 지지 않으려 합니다. 마치 '미안하다'는 말 한마디로 모든 문제가 해결되었다고 믿는 듯한 그들의 태도는 상대방에게 더 큰 상처를 남깁니다.

진정한 사과는 대체 어디에 있을까?

진정한 사과는 자신의 잘못을 인정하고 상대방의 감정에 공감하며 재발 방지를 약속하는 것입니다. 하지만 자기 방어를 위한 사과는 이러한 요소들을 모두 결여하고 있습니다. 그들은 자신의 잘못을 진심으로 뉘우치기보다는 상황을 모면하고 자신의 이미지를 지키는 데에만 관심이 있습니다. 진정한 사과는 자신의 잘못을 구체적으로 인정하고 상대방의 감정에 공감하며 같은 잘못을 반복하지 않겠다는 약속을 포함해야 합니다. 우리는 이처럼 진정한 사과가 사라진 얇은 관계 속에서, 깊이 있는 관계를 맺는 법을 잊어가고 있습니다. "미안해."라는 말은 넘쳐나지만, 진심으로 마음을 전하고 소통하는 법은 점점 잊혀져 갑니다.

진정한 소통은 마음과 마음을 잇는 다리입니다.

서로의 감정을 이해하고 공감하며, 진솔한 대화를 통해 관계를 쌓아가는 과정입니다. 하지만 우리는 쿨함, 손절, '좋아요.' 등 가벼운 관계에 익숙해지면서 진정한 소통의 가치를 놓치고 있습니다. 혹시 당신도 '나만 괜찮으면 그만'이라는 생각으로 습관처럼 사과를 하고 있지는 않은가요? 진정성 없는 사과는 상대방에게 상처를 줄 뿐만 아니라 당신의 진심까지 의심하게 만듭니다. 이제는 '진짜 사과'를 통해 깊이 있는 관계를 만들어갈 때입니다. 진심을 담아 마음을 전하고, 서로의 이야기에 귀 기울이며 공감과 이해를 바탕으로 소통할 때, 우리는 비로소 진정한 관계의 기쁨을 누릴 수 있습니다.

'척' 하는 사과는 통하지 않아요. 진심을 담아야 합니다. 상대방의 마음을 헤아려야 합니다. 진정한 관계를 위해 노력해야 합니다.

3

사과는 성장을 위한
기회가 될 수 있어요

사과는 단순히 잘못을 인정하는 것을 넘어 상대방에 대한 존중과 배려를 표현하는 행위입니다. 사과를 통해 우리는 갈등을 해결하고, 관계를 회복하며 더 나은 사람으로 성장할 수 있습니다. 물론, 사과가 항상 쉽지만은 않습니다. 하지만 '한정판 성장'을 위한 특별한 기회라는 사실을 기억하세요. 당신도 사과를 통해 더욱 성숙하고 멋진 사람이 될 수 있습니다. 선택은 당신의 몫이에요. 사과에 무관심할 건가요, 아니면 한정판 성장을 맘껏 누릴 건가요?

관계에도 '고객 관리'가 필요해요.

내 주변의 사업하는 사람들을 한번 떠올려 보세요. 그들은 고객 한 명 한 명을 얼마나 소중히 여기는지 몰라요. 사소한 불만에도 귀 기울이고 진심으로 사과하며 문제 해결에 최선을 다하죠. 왜 그럴까요? 고객을 잃으면 사업에 큰 손해를 보기 때문입니다. 단골 고객을 확보하고 긍정적인 입소문을 내는 것은 사업 성공의 핵심 전략입니다.

우리의 관계도 마찬가지예요. 지금 당장은 사소해 보이는 관계라도 언젠가 소중한 인연으로 이어질 수 있답니다. 오늘 스쳐 지나간 사람이 내일의 동료가 될 수도 있고 잠깐 만난 이웃이 평생의 친구가 될 수도 있잖아요?

'옷깃만 스쳐도 인연'이라는 말처럼 우리는 수많은 사람들과 관계를 맺으며 살아갑니다.

하지만 그 모든 관계가 다 깊고 의미 있는 것은 아니죠. 때로는 사소한 오해나 갈등 때문에 소중한 인연을 놓치기도 합니다. 실제로 한 취업 포털 사이트의 설문조사에 따르면 응답자의 70% 이상이 사소한 오해나 갈등으로 인해 친구나 동료와의 관계가 멀어진 경험이 있다고 합니다.

현명한 사람들은 지금 당장의 감정에 휘둘려 사과를 소홀히 하지 않습니다.

모든 관계를 소중히 여기고 진심 어린 사과를 통해 관계를 더욱 굳건하게 만듭니다. 마치 섬세한 손길로 정원을 가꾸듯 관계 하나하나를 정성껏 돌보는 거죠. 사과를 통해 우리는 서로를 이해하고, 신뢰를 쌓으며, 더 깊은 유대감을 형성할 수 있습니다. 진심 어린 사과는 단순히 갈등을 해결하는 것을 넘어 관계를 더욱 발전시키는 마법의 촉매제가 됩니다.

세상에는 사과를 '성장의 리미티드 에디션'처럼 여기는 사람들이 있어요.

그들은 사소한 실수에도 망설임 없이 사과하고 상대방의 감정에 진심으로 귀 기울입니다. 마치 능숙한 요리사가 섬세한 손길로 최고의 요리를 만들어내듯 그들은 사과를 통해 관계를 더욱 돈독하게 만들고 자신을 발전시켜 나갑니다.

"똑같은 실수, 두 번은 안 해."

페이스북의 창업자 마크 저커버그는 자신의 실수를 공개적으로 인정하고 사과하는 것으로 유명합니다. 그는 사과를 통해 문제의 재발을 방지하고 더 나은 서비스를 제공하기 위한 발판으로 삼습니다. 이처럼 사과를 '성장의 도구'로 활용하는 사람들은 실수를 두려워하지 않고 오히려 그것을 통해 배우고 발전하려는 의지를 갖습니다. 그리고 그들은 말뿐인 사과에 그치지 않습니다. 진심 어린 사과와 함께 반드시 행동의 변화를 보여주려 노력합니다.

"대부분의 사과는 사소한 해프닝으로 끝나."

사과에 능숙한 사람들은 갈등이 커지기 전에 빠르게 문제를 해결합니다. 그들은 사과를 통해 상대방의 마음을 풀어주고 불필요한 오해와 감정 소모를 줄입니다. 이러한 '선제적 사과'는 관계를 더욱 굳건하게 만들고 신뢰를 쌓는 데 중요한 역할을 합니다. 심리학자 존 가트맨의 연구에 따르면 안정적인 관계를 유지하는 커플들은 갈등 상황에서 상대방의 감정에 민감하게 반응하고, 진심 어린 사과를 통해 문제를 해결하는 경향을 보인다고 합니다.

하지만 이런 사람은 극소수입니다. 안타깝게도 사과를 통해 성장하는 사람들은 극히 드뭅니다. 대부분의 사람들은 사과를 어려워하고, 때로는 불필요한 자존심 싸움으로 번지기도 합니다.

사과를 '약점'으로 여기거나, '시간이 해결해 줄 것'이라는 막연한 기대 속에 문제를 방치하는 경우도 많습니다. 우리가 잃어버린 진정한 소통의 가치는 바로 이것입니다. 진심으로 마음을 전하고, 귀 기울이고, 공감하는 것. 사과는 그 시작입니다. '나'를 넘어 '우리'를 생각하는 마음, 그것이 얕은 관계를 깊이 있는 관계로 만들어주는 힘입니다.

사과는 누군가에게 성장의 기회예요. 분명 관계의 깊이가 달라집니다.

'사과'에 대한 이모저모

외상 후 성장(Posttraumatic Growth, PTG): 심리적 외상을 겪은 후 오히려 긍정적인 변화를 경험하는 것을 말합니다. 자신의 강점을 발견하고, 새로운 가능성을 탐색하며, 인간관계를 더욱 소중히 여기게 되는 등 역경을 통해 성장하는 경우입니다. 외상 후 성장 이론은 사과가 단순히 상처를 치유하는 것을 넘어, 개인의 성장과 발전을 위한 촉매제가 될 수 있음을 시사합니다. 사과를 통해 자신의 잘못을 되돌아보고 개선하며, 더 나은 사람으로 성장할 수 있는 기회를 얻게 됩니다. (출처: Tedeschi & Calhoun. (2004). Posttraumatic Growth, PTG)

심리학자 존 가트맨: 1992년, 커플들의 상호 작용을 분석하여 관계의 안정성을 예측하는 연구를 발표했습니다. 이 연구에 따르면, 안정적인 관계를 유지하는 커플들은 갈등 시 적극적으로 관계 회복을 시도하는데, 이는 사과가 관계 개선에 중요한 역할을 한다는 것을 시사합니다.

4

가까울수록 "사랑해"보다
"미안해"가 필요해요

"사랑해."라는 말은 쉽게 꺼내면서도, 정작 가까운 사람들에게는 "미안해."라는 말을 아끼는 것은 아닌지요? 마치 너무 가까워서, 익숙해서 그 소중함을 잊고 사는 것처럼 말입니다. "미안해."는 단순한 사과가 아닌, 상대방을 향한 깊은 애정과 존중을 담은 표현입니다. 가까운 사이일수록 "미안해."라는 말로 마음과 마음을 이어주세요.

편안함을 당연하게 생각하고 있지는 않나요?

가까운 사이일수록 편안함을 느끼는 건 자연스러운 일입니다. 서로를 잘 알고, 허물없이 지내다 보면 편안함을 느끼는 건 당연하죠. 하지만, 이 편안함이 지속되면 가끔은 상대방을 배려하는 마음이 무뎌질 수도 있어요. 마치 오래된 습관처럼, 고마움을 잊고, 사소한 잘못에도 "괜찮아."라고 쉽게 넘겨버리는 경우가 생기는 거죠.

하지만 아무리 가까운 사이라도, 작은 실수나 잘못으로 상처받을 수 있다는 것을 기억해야 해요. "내 마음 알잖아?"라는 말 속에 숨겨진 진심을 놓치거나, "설마 이것 때문에 화낼까?"라는 생각으로 사과를 미루다 보면, 조금씩 마음의 거리가 멀어질 수도 있어요.

때로는 "사랑해."라는 말보다 "미안해."라는 말이 더 큰 울림을 선사할 수 있습니다. 진심 어린 사과에는 상대방을 존중하고, 관계를 지켜나가고 싶은 간절한 마음이 담겨 있기 때문입니다.

"미안해."가 필요했던 순간들, 떠올려 보세요.

혹시 그동안 무심코 넘겼던 "미안해."는 없었나요?
늦은 밤까지 야근하느라 배우자의 전화를 받지 못했던 날, 걱정했을 그의 마음에 "미안해."라고 말했었나요?
친구들과의 약속 때문에 부모님과의 저녁 식사를 미뤘을 때, 서운했을 그들에게 "미안해."라고 말했었나요?
사소한 오해로 동료와 다투었을 때, 자존심 때문에 "미안해."라는 말을 먼저 하지 못했던 적은 없었나요?
때로는 "미안해."라는 말이 필요하다는 것을 알면서도 여러 가지 이유로 미뤄왔던 적은 없었나요? 바쁜 일상에 치여, 부모님의 잔소리를 퉁명스럽게 넘겼던 순간들.
친구의 고민을 제대로 들어주지 못하고 "나중에 얘기하자."라며 회피했던 순간들.
연인의 작은 부탁을 귀찮다는 이유로 무시했던 순간들.

지금까지 미처 표현하지 못했던 "미안해."를 전해보세요. 미안해는 단순한 세 글자가 아닌 마음과 마음을 이어주는 애정의 언어입니다.

6장

사과를 무기로
쓰는 사람들

1

갑질하는 사람들은
사과를 방패처럼 사용해요

"이번 프로젝트, 엉망으로 만들었잖아! 네가 데이터 검수를 제대로 하지 않아서 발표를 망쳤어!" 밤샘 작업까지 하며 준비했던 프로젝트 발표에서 중요한 데이터가 누락된 것을 발견한 팀장은 크게 소리쳤습니다. 순간 사무실의 모든 시선이 저에게 집중되었고, 저는 얼굴이 화끈거리고 심장이 쿵쾅거리는 것을 느꼈습니다. 팀장의 고함 소리가 사무실 전체에 울려 퍼졌고 팀원들은 모두 숨을 죽였습니다. 홀로 남겨진 저는 팀장의 폭언에 눈물을 흘리며 고개를 숙였습니다.

잠시 후, 팀장은 마지못해 "미안하다."라는 말을 툭 던지고 자리를 떠났습니다. 저는 억지 사과에 굴욕감을 느꼈지만 이제 상황이 끝났다고 생각했습니다. 그러나 다음 날, 제 책상에는 산더미 같은 업무가 쌓여 있었습니다. 팀장은 "내가 사과했으니 이제 네가 만회해야지."라며 압박했습니다.

"내가 사과했으니 이제 네가 뭘 해줘야지.", "내가 사과했으니 이제 이 일은 끝난 거다." 혹시 이런 말 들어본 적 있으신가요? 마치 사과를 했다는 사실 자체가 무기가 되어 상대방을 꼼짝 못하게 만드는 것 같지 않나요?

사실 우리는 모두 각자의 영역에서 크고 작은 권력을 가지고 있습니다.

직장 상사는 부하 직원보다, 선배는 후배보다, 부모는 자녀보다 더 큰 영향력을 행사할 수 있죠. 마치 게임 캐릭터처럼, 레벨이 높을수록 더 강력한 스킬을 사용할 수 있는 것과 비슷해요.

하지만 이런 권력을 이용해서 상대방을 마음대로 휘두르거나 자신의 잘못을 덮으려고 하는 것은 '갑질'입니다. 갑질하는 사람들은 "미안해."라는 말을 마치 주문처럼 사용합니다. "내가 사과했으니 이제 넌 아무 말도 못 해!"라고 상대방의 입을 막고, "내가 사과했으니 이제 내가 하라는 대로 해!"라고 요구하는 거죠.

이 사례의 팀장처럼, 사과를 했다는 이유로 상대방에게 부당한 요구를 하거나 책임을 떠넘기는 것은 갑질의 또 다른 모습입니다. 마치 '사과 폭탄'을 던지는 것과 같아요. "미안해."라는 폭탄을 던져 놓고 폭탄의 파편은 상대방이 다 뒤집어쓰게 만드는 거죠.

갑질 사과, 달콤한 사탕으로 코팅된 쓴 약

갑질 사과는 단순히 잘못을 인정하는 것이 아니라 권력 관계를 이용하여 상대방을 조종하고 억압하려는 의도를 담고 있습니다. "내가 사과했으니 너는 이제 아무 말도 하지 마." 혹은 "내가 사과했으니 너는 이제 내 요구를 들어줘야 해."라는 숨겨진 메시지가 담겨 있는 것이죠.

마치 달콤한 사탕으로 코팅된 쓴 약과 같습니다. 겉으로는 달콤한 사과처럼 보이지만 실제로는 쓴 약처럼 상대방에게 고통을 주는 것입니다.

갑질 사과는 상대방의 감정을 무시하고, 자신의 권력을 유지하기 위한 수단으로 전락해버린 '사과'입니다.

- **"아랫사람이 뭘 그렇게 예민하게 굴어? 내가 사과까지 했는데 뭘 더 바라는 거야?"**

자신의 잘못은 인정하지 않으면서, 사과를 빌미로 상대방의 감정을 억누르려는 태도입니다. 마치 "내가 사과했으니 너는 이제 아무 말도 못 해!"라고 입을

막는 것과 같습니다.

- **"내가 먼저 사과했으니 이제 네가 ~해."**

사과를 빌미로 부당한 요구를 하는 행태입니다. 마치 "사과를 받았으니 이제 그 대가를 치러야지!"라고 빚 독촉을 하는 것과 같습니다.

- **"됐고, 내가 사과했으니 이제 그만 좀 해."**

사과를 통해 상황을 일방적으로 종결시키고, 더 이상의 논의를 차단하려는 시도입니다. 마치 "내가 사과했으니 이제 끝!"이라고 대화의 문을 쾅 닫아버리는 것과 같습니다.

갑질 사과, 보이지 않는 쇠사슬

이러한 '갑질 사과'는 진정한 사과가 아니라, 오히려 상대방에게 더 큰 상처와 불신을 안겨줄 뿐입니다. 피해자는 억울함과 분노를 느끼지만, '사과했으니 괜찮다.'는 사회적 분위기 속에서 자신의 감정을 억누르고 침묵해야 하는 경우가 많습니다. 갑질 사과는 피해자의 자존감을 훼손하고, 정신적인 고통을 가중시키며, 심각한 경우에는 트라우마로 남을 수도 있습니다.

이는 건강한 관계 형성을 방해하고, 개인의 성장을 저해하며 궁극적으로는 사회 전체의 발전을 가로막는 심각한 문제입니다. 마치 보이지 않는 쇠사슬과 같습니다. 겉으로는 자유로운 듯 보이지만, 실제로는 갑질 사과라는 쇠사슬에 묶여 꼼짝 못하게 되는 것입니다.

갑질은 어디에나 있다.

갑질은 꼭 갑의 위치에서만 발생하는 것이 아닙니다. 부모가 자녀에게, 배우자 사이에서도, 선배가 후배에게, 친구 사이에서도 갑질은 일어날 수 있습니다. 권력의 크기와 상관없이 자신의 우월한 지위를 이용하여 상대방을 함부로 대하고 사과를 빌미로 상대방을 조종하려는 모든 행위는 갑질입니다. 마치 "내가 너보다 잘났으니까 내 말대로 해!"라고 윽박지르는 것과 같습니다.

실제로 2022년 직장갑질119에 따르면, 직장 내 갑질 사례 중 '사과 강요' 관련 사례는 총 1,253건으로, 전년 대비 15% 증가했습니다. 이는 곧, 우리 사회에서 '사과'라는 말이 갑질의 도구로 악용되는 경우가 점점 늘어나고 있음을 보여주는 것이죠.

사과는 면죄부도 권력의 도구도 될 수 없어요. 진정한 사과는 상대방의 감정에 공감하고, 자신의 행동에 책임지는 것에서 시작됩니다.

'사과'에 대한 이모저모

권력 이론: 사회학, 정치학 등에서 권력의 개념, 작동 방식, 영향력 등을 연구하는 이론입니다. 막스 베버(Max Weber)는 권력을 "다른 사람의 저항에도 불구하고 자신의 의지를 관철시키는 능력"으로 정의했습니다. 갑질 사과는 권력을 이용하여 상대방을 조종하고 억압하려는 시도이며, 이는 진정한 사과가 아닌 '갑질'의 한 형태입니다. (출처: Weber, M. (1978). Economy and society: An outline of interpretive sociology.)

2

"미안해" 뒤에 숨은
진짜 의도를 파악하세요

 가장 아끼는 책, 생일 선물로 받은 한정판 만화책에 친구가 실수로 뜨거운 커피를 쏟아 책을 망쳐 버렸다고 생각해 보세요. "미안해!" 친구는 황급히 사과하지만, 왠지 마음이 편치 않습니다. "내가 사과했으니 이제 괜찮지? 그만 좀 해."라는 뜻으로 들리기도 하고, 혹시라도 책값을 물어줘야 하는 건 아닌지 걱정도 됩니다. 사과는 갈등을 녹이고 관계를 회복하는 힘을 가지고 있지만, 때로는 "미안해."라는 말이 부당한 요구를 감추는 가면이 되기도 합니다.

 "미안해." 방패 뒤에 숨은 진짜 속마음

 "아, 진짜 미안해! 내가 실수했네. 그런데 있잖아… 혹시 이번 주말에 나 대신 레포트 좀 써줄 수 있어?" 이처럼 사과 후에 갑자기 부탁을 하거나 당신의 의견을 묻지도 않고 결정하는 경우를 겪어본 적 있나요?

 이는 "미안해."라는 말을 방패 삼아 자신의 잘못을 가리고 상대방을 조종하려는 시도입니다. 마치 "내가 사과했으니 너는 이제 내 말을 들어야 해."라고 은근히 압박하는 것과 같죠. 사과를 했다는 이유로 상대방에게 희생을 강요하거나 부당한 요구를 하는 것은 옳지 않습니다.

 "미안해." 폭탄으로 마음에 상처 주기

 "미안하다고 했잖아! 왜 자꾸 나한테 그래?" 사과를 했는데도 계속해서 몰아붙이거나 죄책감을 느끼게 하는 경우도 있습니다. 이는 사과를 '감정 폭탄'처럼 사용하여 상대방을 꼼짝 못하게 만드는 행위입니다. "내가 이미 사과했는데 왜 아직도 화가 난 거야?"라고 말하며 오히려 상대방을 비하는 것은 진심으로 반성하는 태도가 아닙니다. 사과를 했다는 이유로 상대방의 감정을 무시하거나, 침묵을 강요하는 것은 옳지 않습니다.

사과는 관계 개선의 시작일 뿐 모든 것을 용인해야 하는 것은 아니에요. 오히려 사과 후에 부당한 요구가 따라온다면 더욱 신중하게 대처해야 합니다.

사과 후 따라오는 부당한 요구, 현명하게 대처하는 법

- **상황을 객관적으로 판단하세요.**
  상대방의 사과에 감정이 흔들리기 쉽지만 먼저 냉정하게 상황을 판단해야 합니다. 요구 자체가 합리적인지, 사과와는 별개로 판단해야 합니다. 상대방의 표정, 말투, 행동 등을 주의 깊게 살펴보세요. 진심으로 미안해하는 것인지, 아니면 다른 의도가 있는지 파악하는 데 도움이 될 것입니다.

- **솔직하게 감정을 표현하고 거절하세요.**
  상대방의 요구가 부당하다고 느껴진다면, 솔직하게 자신의 감정을 표현하고 단호하게 거절해야 합니다. "미안하지만, 네 부탁을 들어줄 수 없어."처럼 명확하게 의사를 전달하는 것이 중요합니다. 자신의 감정을 솔직하게 표현하는 것은 자존감을 지키는 데에도 도움이 됩니다. 예를 들어 "나는 네가 이런 부탁을 해서 당황스럽고 불편해."와 같이 '나'를 주어로 하여 감정을 표현해 보세요.

- **명확한 기준과 대안을 제시하세요.**
  거절할 때는 단순히 "안 돼."라고 말하기보다는, 객관적인 기준이나 이유를 명확하게 제시하는 것이 좋습니다. 예를 들어 "회사 규정상 이는 불가능한 일이야." 또는 "이전에도 비슷한 일로 문제가 있었기 때문에 이번에는 들어줄 수 없어."와 같이 구체적인 이유를 설명하면 상대방이 납득하기 쉬울 것입니다. 가능하다면, 상대방의 요구를 거절하는 대신 다른 대안을 제시하는 것도 좋은 방법입니다.

- **관계를 고민해 보세요.**

상대방의 사과와 부당한 요구를 통해 관계를 다시 한번 돌아보세요. 진정한 관계는 서로 존중하고 배려하는 관계입니다. 상대방이 당신의 감정과 상황을 존중하지 않고 자신의 이익만을 챙기려 한다면, 관계를 지속할 가치가 있는지 진지하게 고민해 볼 필요가 있습니다.

가면 속에 숨은 진짜 얼굴을 보세요. 누군가의 사과 뒤에 숨은 부당한 요구나 감정적인 협박이 느껴진다면, 그것은 진짜 사과는 아닐 겁니다.

3

진정한 사과와
가짜 사과를 구분해야 해요

친구에게 빌려준 옷에 얼룩이 묻어 돌아왔다고 생각해 보세요. 친구는 "미안해!"라고 사과하지만, 왠지 찜찜한 기분이 듭니다. "깨끗이 세탁해서 돌려줄게."라는 말과 달리, 다음에도 똑같은 일이 반복될 것 같고, 혹시 세탁비를 청구해야 하나 고민도 됩니다.

사과는 관계를 회복하기도 하지만 때로는 진심을 가장한 가짜 사과가 우리를 속이기도 합니다. 마치 맛있어 보이는 사탕처럼 포장되어 있지만 속은 텅 비어 있는 것처럼 말이죠. 특히 친구, 연인, 직장 동료처럼 권력 관계가 얽혀 있는 경우, 사과는 자신의 잘못을 덮고 상대방을 조종하려는 권력 남용의 도구로 변질될 수 있습니다. 진정한 사과와 권력 남용을 구분하는 분별력을 키우는 것은 건강한 관계를 위한 필수적인 능력입니다.

시간이라는 돋보기로 진심을 들여다보기

진정한 사과는 시간이 지날수록 그 진가를 드러냅니다. 마치 땅속 깊이 묻힌 보석처럼 처음에는 빛나지 않더라도 시간이 흐를수록 그 가치를 발휘합니다. 반면 가짜 사과는 시간이 지날수록 그 허점을 드러냅니다. "미안해."라는 말은 쉽게 할 수 있지만 그 말에 책임감을 가지고 변화된 행동을 보여주는 것은 어렵기 때문입니다.

친구가 빌려준 옷을 깨끗하게 세탁해서 돌려주었는지, 다음에도 똑같은 일이 반복되는지, 혹시 세탁비를 청구하지는 않는지 시간을 두고 지켜보세요. 시간이라는 돋보기는 진실된 마음을 확대해서 보여줍니다.

말뿐인 사과 vs 행동하는 사과

동등한 관계처럼 보이더라도 인기, 경제력, 성격 등 다양한 요인에 의해 미묘한 권력 관계가 형성될 수 있습니다. 이러한 권력 차이로 인해 권력 남용이 발생할 수도 있습니다.

"내가 그럴 의도는 아니었어.", "네가 오해한 거야.", "나도 힘들었어." 등의 말은 책임을 회피하고 상황을 모면하려는 의도를 드러냅니다. 뿐만 아니라 "내가 사과했으니 이제 괜찮지? 그러니 내 부탁을 들어줘야 해."와 같이 사과를 빌미로 상대방에게 부당한 요구를 하기도 합니다.

진정한 사과는 상대방의 상처와 감정에 대한 깊은 이해에서 출발합니다.

"내 행동으로 인해 네가 얼마나 상처받았을지 생각하니 마음이 아프다", "다시는 너를 실망시키지 않도록 노력할게."와 같이 상대방의 감정에 공감하고, 변화를 약속하는 구체적인 행동을 보여줍니다. "네가 힘들었을 텐데, 내가 뭘 도와줄 수 있을까?"와 같이 상대방을 돕고 관계를 회복하기 위한 노력을 기울입니다.

가짜 사과에 숨은 권력의 그림자

가짜 사과는 때로는 상대방을 통제하고 조종하기 위한 권력 남용의 도구로 사용됩니다. 상대방의 죄책감을 이용하여 부당한 요구를 하거나, 자신의 잘못을 축소하고 상대방을 탓하는 경우도 있습니다. "아까 사과 다 했잖아, 적당히 좀 해."와 같이 사과를 했다는 이유만으로 상대방의 감정을 무시하거나 "네가 예민하게 반응하는 것 같아."와 같이 상대방에게 책임을 전가하는 것은 권력 남용의 한 형태입니다. 이러한 권력 남용은 건강한 관계를 해치는 독이 되며 상대방의 자존감을 훼손하고 불안감을 심어줄 수 있습니다.

가짜 사과에 속지 않으려면 끊임없이 분별력을 길러야 합니다.

상대방의 말과 행동을 주의 깊게 관찰하고 시간을 두고 변화를 지켜보세요. 진심은 결국 드러나기 마련입니다. 특히 친구, 연인, 직장 동료처럼 권력 관계에서 발생하는 사과는 더욱 신중하게 판단해야 합니다. 사과라는 달콤한 말에 숨겨진 권력 남용의 쓴맛을 감지하고 자신의 권리를 지키는 것이 중요합니다.

상대방의 말과 행동, 그리고 시간을 두고 변화를 지켜보세요. 진정한 사과는 시간이 지날수록 빛을 발합니다.

4

책임 회피는
사회 전체를 병들게 해요

"어려서 그랬습니다.", "몸이 아파서 그랬습니다."⋯ 혹시 이런 변명을 들어본 적 있지 않으신가요? 우리 주변에서 흔히 볼 수 있는 변명입니다. 사회는 때때로 관대합니다. 특히 약자들에게는 더욱 그렇죠. 하지만 이 관용이라는 따뜻한 담요 아래, 뻔뻔하게 숨어 잘못을 반복하는 이들이 있습니다. 마치 숨바꼭질 놀이를 하듯, "봐주세요~" 하며 눈을 가리고 있는 사이 슬쩍 도망쳐 버리는 것처럼 말이죠.

기억하시나요? 잊을 만하면 등장하는 '어린' 갑질, '아픈' 범죄자들의 뉴스를. 그들은 사회가 건네는 면죄부를 교묘하게 이용합니다. "어리니까 몰랐겠지", "몸이 아프니 어쩔 수 없었겠지."라는 동정 어린 시선 뒤에 숨어, 진정한 반성 없이 같은 잘못을 반복합니다. 그들은 사회의 약점을 이용하여 자신의 책임을 교묘하게 회피하고 있는 것입니다.

하지만 우리는 더 이상 속지 않습니다.

나이가 어리거나, 사회적 약자라는 이유로 모든 잘못이 정당화될 수는 없다는 것을 알고 있습니다. '어린' 범죄자, '아픈' 갑질, 이런 뉴스 헤드라인들이 더 이상 우리를 놀라게 하지 않는 이유입니다. 반복되는 면죄부 남용에 사람들은 마음을 닫고, 정말 어리고, 아파서 이해가 필요한 사람들에게도 싸늘한 시선을 보내게 됩니다.

　면죄부 남용은 단순히 개인의 잘못을 덮어주는 것을 넘어, 사회 전체의 책임감을 무너뜨리고, 사회적 갈등을 심화시키는 심각한 문제를 야기합니다. 한국소비자원의 2023년 조사에 따르면 소비자들은 기업의 제품이나 서비스에 문제가 발생했을 때, 진정성 있는 사과와 적절한 보상을 요구하는 비율이 83%에 달했습니다. 이는 소비자들이 기업의 사회적 책임을 중요하게 생각하고 있음을 보여줍니다.

면죄부 사회가 만들어내는 악순환은 다음과 같습니다.

- **책임감의 부재**
  면죄부가 남용되는 사회에서는 개인의 책임감이 약화됩니다. "어차피 면죄부를 받을 수 있을 텐데 뭐."라는 생각이 만연하게 되고, 잘못을 저질러도 반성하거나 책임지려는 노력을 하지 않게 됩니다.
- **불신의 확산**
  면죄부 남용은 사회 구성원 간의 불신을 심화시킵니다. "저 사람은 면죄부를 받을 수 있으니까 괜찮아."라는 생각은, 공정한 경쟁과 협력을 저해하고, 사회 통합을 가로막습니다.
- **도덕적 해이**
  면죄부 남용은 도덕적 해이를 야기합니다. 잘못을 저질러도 처벌받지 않는다는 인식이 퍼지면, 규칙과 법을 어기는 행위가 증가하고, 사회 질서가 무너지게 됩니다.

　이제는 '면죄부 사회'라는 놀이터에서 벗어나 '책임'이라는 이름의 운동장에서 뛰어놀아야 합니다.

'어리니까 괜찮아' 식으로 알려주는 어른이 되어서는 안 됩니다. 보호자라면 더더욱, 어려도 아파도 하면 안 되는 일들에 대해서 더 뼈아프게 알려줘야 할 책임이 있습니다. 잘못된 행동에 대한 면죄부는 또 다른 잘못을 낳을 뿐입니다. 마치 깨진 유리 조각을 그대로 두면 누군가 다칠 수 있는 것처럼 말입니다.

진정한 사과는 변명이 아니라, 자신의 잘못을 인정하고 책임지는 행동에서 나옵니다. "내 탓입니다, 내 잘못입니다."라고 용기 있게 외치는 사람들이 많아질 때 비로소 건강한 사회를 만들 수 있습니다. 모두가 자신의 행동에 책임을 지는 사회, 그것이 우리가 만들어가야 할 미래입니다. 이제는 면죄부 남용 시대를 끝내고, 진정한 사과와 반성으로 가득 찬 사회를 만들어야 합니다.

책임감 있는 어른이 되어 주세요. 건강한 사회는 그런 용기 있는 사람들로 만들어집니다.

7장

'문제는 네 탓'이라는
말의 함정

1

자기 합리화는
또 다른 상처를 만들어요

"미안해."라는 말, 때로는 입 밖으로 꺼내기 쉽지 않죠. 마치 목에 걸린 가시처럼, 뱉어내자니 아프고, 삼키자니 답답합니다. 하지만 그렇다고 해서 자기 변명으로 상황을 모면하려는 것은 옳지 않습니다. 자기 변명은 마치 엉킨 실타래를 더욱 꼬이게 만드는 것과 같습니다. 풀기는커녕, 더욱 복잡하고 답답한 상황을 만들어낼 뿐입니다.

"내 의도는 그게 아니었어.", "나도 어쩔 수 없었어."… 누구나 실수를 저지르고 나면 이런 변명을 늘어놓기 쉽습니다. 하지만 이러한 변명은 진정한 사과가 아닙니다. 오히려 자신의 잘못을 인정하지 않고 책임을 회피하려는 모습으로 비칠 수 있습니다. 마치 가면을 쓰고 자신의 진짜 모습을 숨기려는 것과 같습니다.

회피는 또 다른 매듭을 만듭니다. 사과를 회피하는 것은 단순히 책임을 지지 않는 것을 넘어 관계 악화와 갈등 심화를 초래할 수 있습니다. 마치 깨진 유리 조각을 방치하면 그 위를 걷는 사람이 다치는 것처럼 사과하지 않고 문제를 회피하는 것은 결국 더 큰 상처를 남길 수 있습니다.

침묵의 방, 소문의 그림자를 키우다.

사과를 하지 않고 침묵하는 사이, 주변에서는 비방과 추측이 난무할 수 있습니다. "그 사람이 일부러 그런 거래.", "사실은 숨겨진 의도가 있었던 거 아닐까?"와 같은 소문들이 퍼져 나가면서, 사건은 걷잡을 수 없이 커지고 당사자들은 깊은 상처를 받게 됩니다.

더욱 심각한 것은 사과의 회피가 억측과 모함으로 이어질 수 있다는 점입니다. 사실과 다른 이야기들이 퍼져나가면서 엉뚱한 사람이 비난을 받거나 죄 없는 사람이 낙인찍히는 경우도 발생합니다.

이러한 문제들을 예방하기 위해서는 자신의 잘못을 인정하고 책임지는 용기가 필요합니다. 자기변명과 합리화의 가면을 벗고 진심으로 사과할 때 비로소 엉킨 매듭을 풀고 관계를 회복할 수 있습니다.

자기 합리화를 끊어내는 말 습관

자기 합리화는 "내가 뭘 잘못했는데?"라는 생각에서 시작됩니다. 이러한 생각은 "사실은 네가 더 잘못했어."라는 책임 전가로 이어지고 결국에는 "저 사람은 원래 그런 사람이야."라는 비난과 낙인으로 이어질 수 있습니다.

이러한 악순환을 끊어내기 위해서는 자신의 말 습관부터 바꿔야 합니다.

- **'때문에'는 잠시 넣어두세요.**
  "피곤해서 그랬어.", "시간이 없어서 그랬어."와 같이 '~때문에'라는 말로 변명하기보다는, "내가 너의 말을 제대로 듣지 않고 짜증을 내서 미안해."와 같이 자신의 행동에 초점을 맞춰 말하는 연습을 해보세요.
- **'하지만'은 삼켜 버리세요.**
  "미안해, 하지만 네가 먼저…"와 같이 '하지만'이라는 말로 자신의 잘못을 희석시키려는 것은 좋지 않습니다. "미안해, 내가 잘못했어."라고 솔직하게 인정하는 것이 중요합니다.

- **'~해야 했는데'로 후회를 표현하세요.**

  "내가 너의 입장을 먼저 생각했어야 했는데, 그러지 못해서 미안해."와 같이 '~해야 했는데'라는 표현을 사용하면, 후회와 반성의 마음을 더욱 잘 전달할 수 있습니다.

회피와 자기 변명, 그 이면에 숨은 진짜 이유

자기변명과 합리화는 왜 하는 걸까요? 곰곰이 생각해 보면, 그 이면에는 자존심, 책임, 불안감, 두려움 등 다양한 감정들이 숨어 있습니다.

- **자존심**

  자신의 잘못을 인정하는 것은 자존심에 상처를 입는 것처럼 느껴질 수 있습니다. 하지만 진정한 용기는 자신의 약점을 인정하고, 변화를 위해 노력하는 데서 나옵니다.

- **책임**

  책임을 지는 것은 두려운 일입니다. 하지만 책임 회피는 문제 해결을 더욱 어렵게 만들고, 결국 더 큰 책임을 져야 할 수도 있습니다.

- **불안감**

  사과 후 상대방의 반응이 두려워 회피하는 경우도 있습니다. 하지만 진심으로 사과한다면, 대부분의 경우 관계 회복의 가능성을 찾을 수 있습니다.

- **두려움**

  과거의 트라우마나 상처로 인해 사과를 두려워하는 경우도 있습니다.

자기 변명의 늪에서 벗어나기

자기 변명은 마치 늪과 같습니다. 한번 빠지면 헤어나오기 쉽지 않습니다. 같은 문제가 반복될 때마다 자기 변명을 반복한다면 결국 성장할 수 없습니다. 진정한 변화를 위해서는 자기 변명의 늪에서 벗어나야 합니다. 변화는 쉽지 않습니다. 하지만 자신을 솔직하게 돌아보고, 회피하려는 진짜 이유를 파악해야 합니다. 그리고 자기 성찰, 감정 인정, 책임감 있는 태도, 용기 있는 행동을 통해 변화를 위해 노력해야 합니다.

"같은 문제가 반복될 때마다 자신을 변명하는 사람이 될 것인가, 아니면 변화를 선택할 것인가?" 이 질문을 스스로에게 던져보세요. 자기 변명은 편안한 감옥과 같습니다. 당장은 마음이 편할지 몰라도 결국 성장을 가로막고 진정한 행복을 방해합니다. 변화를 선택하는 것은 용기가 필요하지만 그만큼 가치 있는 일입니다. 자신의 잘못을 인정하고 책임지는 모습을 통해 우리는 더욱 성숙하고 단단해질 수 있습니다.

진정한 사과는 자기 변명에서 시작하는 것이 아니라 자기 성찰에서 시작해요. 변명 대신 용기를 선택하세요.

'사과'에 대한 이모저모

자아실현 이론: 인간은 누구나 성장하고 발전하여 자신의 잠재력을 최대한 발휘하고자 하는 욕구를 가지고 태어난다고 보는 이론입니다. 자기 변명과 합리화는 자신의 결점을 인정하고 개선하려는 노력을 방해하여 자아실현을 가로막는 요인이 될 수 있습니다. 자신의 잘못을 인정하고 진정한 사과를 하는 것은 이러한 감정들을 극복하고 성장하는 과정입니다. 변명 대신 용기를 선택하고 책임감 있는 태도를 통해 자아실현에 한 발짝 더 다가갈 수 있습니다. (출처: Maslow, A. H. (1943). A theory of human motivation.)

2

상처받은 마음,
회복의 시간은 각자 달라요

"미안해." 한 마디로 모든 게 괜찮아질 거라 생각했나요? 진심을 담아 사과했는데도 상대방이 냉담하게 반응하거나, "됐어.", "알았어."와 같은 형식적인 대답만 돌아온다면? 그 순간 느껴지는 답답함과 억울함은 이루 말할 수 없을 겁니다. 마치 믿었던 친구에게 배신당한 기분, 애써 준비한 선물을 거절당한 기분이 들 수도 있습니다.

사과는 던지는 것이 아니라, 건네는 것입니다. 아무리 진심을 다해 사과해도 상대방이 그 사과를 받아들일지 말지는 온전히 상대방의 선택입니다. 상처받은 마음은 쉽게 아물지 않고, 배신감은 쉽게 잊히지 않습니다. "네가 뭘 잘못했는지 알기나 해?"라는 말처럼 상대방은 당신의 사과를 통해 상황을 모면하려는 의도를 읽어낼 수도 있습니다.

사과: 무게에 따라 달라지는 말과 행동

사과는 내가 상대방에게 불편함이나 상처를 주었다는 것을 인정하고 미안한 마음을 표현하는 것입니다. 하지만 사과는 가벼운 실수부터 심각한 잘못까지, 다양한 상황에서 필요하기 때문에, 단순히 '사과'라는 한 마디로는 충분하지 않을 때가 많습니다.

좀 더 명확하고 섬세한 표현을 위해 우리는 피해의 정도와 고의성 여부에 따라 사과의 '무게'를 달리해야 합니다.

1. 가벼운 실수

- 일상생활에서 흔히 발생하는 사소한 실수나 의견 충돌 등에 대한 표현입니다. 예를 들어, 엘리베이터에서 누군가와 부딪혔을 때, 실수로 발을 밟았을 때, 또는 친구와의 약속 시간에 10분 정도 늦었을 때 "미안해.", "죄송해요."와 같이 가벼운 표현으로 충분합니다. 즉각적인 사과와 함께 상황을 부드럽게 만드는 것이 중요하며, 가볍다는 것은 그 상황에 맞는 적절한 표현을 사용한다는 의미이지 진심이 담기지 않았다는 것을 의미하는 것은 아닙니다.

2. 심각한 잘못

- 고의성이 있거나, 피해가 큰 실수나 잘못을 저지른 경우에 대한 표현입니다. 의도하지 않았지만 부주의나 실수로 상대방에게 큰 피해를 입힌 경우도 이에 해당합니다. 중요한 약속을 잊어버렸거나, 친구의 비밀을 누설했거나, 중요한 서류를 분실했거나, 실수로 상대방의 물건을 훼손한 경우 등이 이에 속합니다. 고의적인 행동으로 상대방에게 피해를 입히거나 도덕적인 규범을 어긴 경우도 '심각한 잘못'에 포함됩니다. 폭언, 사기, 폭행, 거짓말, 배신 등이 이에 해당합니다.

- 이 경우 "정말 죄송합니다.", "사과드립니다.", "진심으로 사죄드립니다.", "잘못했습니다."와 같이 깊이 반성하는 태도를 보여주고 용서를 구하는 것이 중요합니다. 상황에 따라서는 법적 책임을 질 의사가 있음을 명확히 밝혀야 할 수도 있습니다.

결론적으로, '사과'는 상황의 경중에 따라 사용하는 표현이지만 어떤 경우든 진심으로 미안해하는 마음을 담아 표현해야 합니다. 가벼운 실수에도 진심 어린 사과는 상대방과의 관계를 유지하고 신뢰를 회복하는 데 중요한 역할을 합니다. 진심은 말투, 표정, 행동 등을 통해 드러납니다. 상대방의 눈을 보고 진솔하게 이야기하고, 변명이나 핑계를 대기보다는 자신의 잘못을 솔직하게 인정하는 태도를 보여주는 것이 중요합니다.

사과, 무게에 따라 달라지는 기다림의 시간

사과는 단순히 말 한마디로 끝나는 것이 아니라, 상대방의 마음을 헤아리는 시간까지 포함됩니다. 가벼운 사과는 즉각적인 용서로 이어질 수 있지만, 무거운 사과는 상대방이 마음을 추스르고 용서할 준비가 될 때까지 기다려야 합니다.

사과와 사죄: 무게에 따라 달라지는 말과 행동

1. 가벼운 사과

일상에서 흔히 일어나는 작은 실수들은 "미안해.", "괜찮아?"와 같은 간단한 사과로도 충분히 마음이 전달될 수 있습니다. 엘리베이터에서 누군가와 부딪혔을 때, 실수로 발을 밟았을 때 또는 친구와의 약속 시간에 10분 정도 늦었을 때처럼요. 이런 경우에는 즉각적인 사과와 함께 상황을 부드럽게 만드는 것으로 충분합니다. 서로 이해하고 넘어가는 데 오랜 시간이 필요하지 않죠.

2. 무거운 사과

하지만 중요한 약속을 잊어버렸거나, 친구의 비밀을 누설했거나, 실수로 상대방의 물건을 훼손하는 등 심각한 잘못을 저질렀을 때는 상대방의 마음이 진정될 때까지 기다려야 합니다. 상대방은 충격, 분노, 슬픔, 배신감 등 다양한 감정을 느낄 것이고, 이러한 감정들을 추스르고 마음의 평정을 되찾기까지는 시간이 필요합니다. "괜찮아."라는 말을 듣기 위해 조급해하기보다는 상대방이 감정을 정리하고 마음의 문을 열 때까지 기다려 주세요. 진심으로 사과하고 용서를 구한다면, 언젠가는 상대방의 마음도 열릴 것입니다.

기다림의 시간은 상대방에 따라 다릅니다.

모든 사람이 같은 속도로 마음을 추스르는 것은 아니니까요. 상대방의 성격, 평소 행동, 관계의 깊이 등을 고려하여 기다림의 시간을 조절해야 합니다. 또한, 단순히 기다리는 것만으로는 충분하지 않습니다. 상대방에게 진심으로 관심을 갖고 피해 복구를 위해 노력하는 모습을 꾸준히 보여주는 것이 중요합니다.

용서는 상대방의 선택임을 기억하고, 용서를 강요하거나 재촉하기보다는 스스로 마음의 결정을 내릴 수 있도록 기다려 주어야 합니다.

상처는 혼자 아물지 않아요. 진정한 사과는 기다림입니다. 인내심을 갖고 기다려 주세요. 진심은 언젠가는 전해지기 마련입니다.

내 사과 중간 점검 – 내 사과, 제대로 하고 있을까?

1. 사과 후에 이런 말을 자주 듣지는 않나요?
- "뭐가 미안한데?", "미안하긴 한 거야?", "진심으로 사과하는 거 맞아?" → 혹

시 이런 말들을 자주 듣는다면, 당신의 사과가 상대방에게 진심으로 받아들여지지 않았다는 신호입니다! 습관적인 사과는 NO! 자존심이나 체면 때문에 사과를 망설이지는 않았는지, 혹은 진심으로 반성하고 있는지 스스로에게 되물어보세요.

2. 사과 후에 상대방의 반응을 살펴보세요.

- **"별일 아니야.", "괜찮아."라고 말한다면?** → 가벼운 사과로 충분했던 상황입니다. 하지만 진심으로 사과했는지 스스로 돌아보는 것은 필요합니다.

- **말투가 퉁명스럽고, 나와 눈을 마주치지 않는다면?** → 좀 더 진심을 담아 사과하세요. 상대방의 마음을 풀어줄 추가적인 노력이 필요합니다.

- **"나랑 말하기 싫어.", "다음에 이야기하자."라고 말한다면?** → 상대방은 아직 마음의 준비가 되지 않았습니다. 시간을 두고 기다려주세요.

- **나를 피하거나, 만남을 꺼린다면?** → 당신의 사과가 충분하지 않았거나, 상대방이 아직 사과를 받아들일 준비가 되지 않았다는 뜻입니다. 시간을 두고 기다리면서 진심으로 다가가도록 노력해야 합니다.

- **연락처를 삭제하거나 수신 거부를 했다면?** → 상대방이 관계를 끊으려 한다는 강력한 신호입니다. 진심으로 사과하고 후회하는 모습을 보여주지 않는다면, 관계 회복이 어려울 수 있습니다.

- **사과를 했는데도 여전히 어색하다면?** → 아직 앙금이 남아 있거나 당신의 사과가 충분하지 않았다는 뜻입니다. 상대방의 마음을 진정으로 헤아리고 다시 한번 진심을 담아 사과해 보세요.

3

남 탓하기는
관계를 망쳐요

🍃

"내가 왜 사과해야 해? 네가 잘못했잖아!" 혹시 이런 말을 들어본 적 있으신가
요?

혹은 자신도 모르게 내뱉은 적은 없으신가요? 친구와의 약속에 늦었는데, 길
이 막혀서 늦었다고 변명하며 오히려 친구를 탓했던 경험, 혹은 팀 프로젝트에
서 좋지 않은 결과가 나왔을 때, 자신의 부족한 부분은 인정하지 않고 다른 팀원
에게 책임을 돌렸던 경험은 누구에게나 있을 거예요.

이처럼 자신의 잘못을 인정하지 않고 상대방에게 책임을 떠넘기는 행위,
바로 '책임 전가'입니다.

책임 전가는 마치 균열과 같습니다. 처음에는 작은 틈으로 시작하지만 시
간이 지날수록 점점 커져 결국에는 관계 전체를 무너뜨립니다. 상대방에게
죄책감과 모멸감을 안겨주고 서로에 대한 믿음을 갉아먹어 결국에는 돌이
킬 수 없는 상황에 이르게 합니다.

책임 전가는 단순히 '남 탓'으로 끝나지 않습니다.

사실, 책임 전가는 누구에게도 솔직하지 못한 행동입니다. 상대방에게는
물론이고 자기 자신에게도 진실되지 못한 것이죠. 자신의 약점이나 실수를
인정하는 것이 두렵거나 자존심이 상해서, 무의식적으로 책임을 전가하는

것은 결국 자기 자신을 속이는 것과 같습니다. 혹은 상황을 객관적으로 판단하지 못하고 자신의 행동을 합리화하는 경우도 있습니다.

가끔 우리는 자신도 모르게 '방어막'을 치고 있습니다.

"내가 왜 사과해야 해?", "네가 잘못했잖아!"와 같은 말들이 입 밖으로 나오려 할 때, 그것은 자존심이 상처 입을까 봐 두려워하는 마음이 방어막을 치는 것입니다. 하지만 진정한 관계는 방어막 뒤에 숨어서는 만들 수 없습니다.

자기 방어를 넘어서기: 솔직함으로 관계를 지키는 연습

진짜 나를 마주하세요.

자신의 약점과 실수를 인정하는 것은 쉽지 않습니다. 하지만 고통을 피하지 않고 용기 있게 마주할 때 비로소 성장할 수 있습니다. "내가 정말 잘못한 부분은 없었을까?", "혹시 내가 상황을 왜곡하고 있는 것은 아닐까?"와 같이 질문을 던지며 스스로를 돌아보세요. 마치 가면을 벗고 진짜 나를 마주하는 것처럼, 솔직하게 자신을 바라볼 때 우리는 더 나은 사람이 될 수 있습니다.

솔직함으로 다가가세요.

"내가 ~해서 미안해.", "~한 것은 내 잘못이야."와 같이 솔직하게 말해 보세요. 진심을 담은 말은 상대방의 마음의 문을 두드리는 노크 소리와 같습니다. 처음에는 작은 울림일지라도 진심은 결국 상대방의 마음 깊은 곳까지 닿습니다. 타인에게 나를 드러낼 때 우리는 진정한 모습을 보여주고 신뢰를 쌓을 수 있습니다.

피해자라는 생각에서 벗어나세요.

"나는 늘 피해자야.", "다른 사람들은 나를 괴롭히려고만 해."와 같은 생각은 상대방과의 벽을 높이고 관계 개선을 더욱 어렵게 만듭니다. '네 탓'이라는 말에 숨는 사람들은 종종 자신을 '약간의 피해자'라고 생각하는 경향이 있습니다. 하지만 피해자 역할에 갇혀 있으면 문제의 진짜 원인을 보지 못하고 책임 전가에 빠지기 쉽습니다.

구체적으로 바람을 말해보세요.

"다음부터는 미리 연락해줘.", "함께 할 수 있는 방법을 찾아보자."와 같이 구체적인 요청을 하는 것은 상대방에게 나의 바람을 명확하게 전달하고 함께 문제를 해결하려는 의지를 보여주는 것입니다.

'남 탓'은 문제의 근본 원인을 해결하지 못하고 오히려 갈등을 심화시킬 수 있습니다.

책임 전가는 얄팍한 해결책일 뿐이에요. 진정한 용기를 가지고 자신의 잘못을 인정하고 책임감 있는 태도를 보여줘야 할 때입니다.

'사과'에 대한 이모저모

방어기제 이론: 심리적 불편감을 해소하기 위해 무의식적으로 사용하는 방어적인 사고 또는 행동 패턴을 설명하는 이론입니다. 책임 전가는 자신의 잘못을 인정했을 때 느끼는 불안이나 죄책감으로부터 자신을 보호하기 위한 방어기제로 볼 수 있습니다. (출처: Freud, A. (1936). The ego and the mechanisms of defense.)

4

"그 사람, 이상해…"
낙인찍기는 위험해요

"아니 땐 굴뚝에 연기 날까?"라는 속담, 들어보셨죠? 하지만 때로는 아무 잘못 없는 굴뚝에서도 억울하게 연기가 피어오르기도 합니다. 사람들은 사건의 진실을 보기보다는, 자신의 눈앞에 보이는 연기에 더 쉽게 현혹되곤 합니다. 특히, 누군가가 잘못을 저지르고도 사과하지 않고 회피하려 할 때, 주변에서는 온갖 추측과 비방이 쏟아져 나옵니다. 마치 불이 난 것처럼 말이죠.

"사실은 그 사람이 그랬대…" 사과를 하지 않고 침묵하는 사이, 사람들은 빈 공간을 자신들의 상상으로 채우기 시작합니다. "사실은 그 사람이 일부러 그랬대.", "숨겨진 의도가 있었던 거 아닐까?"와 같은 추측들이 마치 바이러스처럼 퍼져 나갑니다. 처음에는 작은 속삭임이었지만 점점 더 많은 사람들의 입을 타고 퍼져나가면서 거대한 소문으로 변질됩니다.

멈춤, 그리고 객관적인 시각

이럴 때 필요한 것은 바로 '멈춤'입니다. 잠시 숨을 고르고, 객관적인 시각으로 상황을 바라봐야 합니다. "내가 보고 들은 것은 정말 사실일까?", "혹시 오해나 편견이 개입된 것은 아닐까?" 스스로에게 질문을 던져보세요. 마치 돋보기를 들고 사건을 자세히 들여다보듯 감정에 휩쓸리지 않고 냉철하게 상황을 판단해야 합니다.

객관적인 시각을 위한 질문들

- **상황을 객관적으로 파악하기**

  "내가 지금 보고 있는 것은 전체 그림일까, 아니면 일부분일까?", "다른 사람들은 이 상황을 어떻게 보고 있을까?"와 같이 다양한 관점에서 상황을 바라보려고 노력해야 합니다.

- **나의 편견 돌아보기**

  "혹시 내가 특정인에게 편견을 가지고 있지는 않을까?", "나의 감정이나 경험이 판단을 흐리고 있지는 않을까?"와 같이 자신을 되돌아보는 질문을 통해 객관적인 시각을 유지해야 합니다.

- **정보의 출처 확인하기**

  "이 정보는 어디에서 온 것일까?", "믿을 만한 정보인가?"와 같이 정보의 출처를 확인하고, 사실과 의견을 구분해야 합니다.

- **다양한 가능성 열어두기**

  "혹시 내가 놓치고 있는 부분은 없을까?", "다른 가능성은 없을까?"와 같이 다양한 가능성을 열어두고 상황을 판단해야 합니다.

  객관적인 시각은 마치 엉킨 실타래를 풀어내는 섬세한 손길과 같습니다. 감정에 휩쓸려 섣불리 판단하기보다는, 차분하게 상황을 분석하고 진실을 파악하려고 노력해야 합니다. 객관적인 시각을 통해 우리는 문제의 근본 원인을 파악하고 더 나은 해결 방안을 찾을 수 있습니다.

억측과 모함, 진실을 가리는 먹구름

소문은 진실을 왜곡하고 억측과 모함으로 이어질 수 있습니다. 사람들은 자신이 들은 이야기를 자신의 경험과 결합하여 새로운 이야기를 만들어 냅니다. 마치 퍼즐 조각을 맞추듯 사실과 거짓을 섞어 자신만의 그림을 완성하는 것입니다. 이 과정에서 진실은 점점 희미해지고 결국에는 알아볼 수 없게 됩니다.

억측과 모함은 결국 낙인과 비난으로 이어집니다. 사람들은 소문의 대상이 된 사람을 손가락질하고 따돌립니다. 마치 낙인이 찍힌 죄인처럼, 그 사람은 사회에서 고립되고, 정상적인 삶을 살아갈 수 없게 됩니다. 이러한 낙인과 비난은 피해자에게 씻을 수 없는 상처를 남깁니다.

피해자 비난, 또 다른 폭력

더욱 안타까운 것은 피해자가 오히려 비난받는 경우입니다. "네가 조심했어야지.", "네가 먼저 잘못했잖아."와 같은 말들은 피해자에게 2차 가해를 가하고 상처를 더욱 깊게 만듭니다. 마치 상처 입은 사람에게 소금을 뿌리는 것과 같습니다.

여성가족부의 2022년 성폭력 실태조사에 따르면 성폭력 피해 경험자 중 17.5%가 피해 이후 주변 사람들로부터 2차 피해를 경험했다고 응답했습니다.

특히 2차 피해 유형으로는 '피해자다움'에 대한 비난(28.1%)이 가장 높은 비율을 차지했습니다. 즉 여전히 많은 피해자들이 "네가 조심했어야지.", "왜 그런 옷을 입었냐."와 같은 부당한 비난에 시달리고 있다는 것입니다. 이는 피해자의 고통을 가중시키고, 회복을 방해하며, 사건 해결을 어렵게 만드는 심각한 문제입니다. 우리 모두는 피해자 비난의 심각성을 인지하고 피해자를 보호하고 지지하기 위해 노력해야 합니다.

사과를 삼킨 우리 안의 괴물

사과를 회피하고 책임을 전가하는 것은, 결국 우리 모두에게 피해를 줍니다. 소문과 억측, 모함은 사회 전체를 불신과 갈등으로 물들입니다. 마치 사과를 삼킨 괴물이 우리 안에 살아 숨 쉬는 것과 같습니다. 우리 모두는 괴물이 될 수 있고 또 괴물에게 먹힐 수도 있습니다.

우리는 괴물에게 먹히지 않기 위해 노력해야 합니다. 진실을 보는 눈과 상대방을 공감하는 마음을 길러야 합니다. 섣불리 판단하고 비난하기보다는 상대방의 이야기에 귀 기울이고 이해하려고 노력해야 합니다.

진정한 사과는 상처받은 마음을 치유하고 관계를 회복하는 힘을 가지고 있습니다. 자신의 잘못을 인정하고 책임지는 모습을 보여줄 때, 우리는 비로소 서로에게 다가갈 수 있습니다. 사과는 단순한 말이 아니라 상대방에 대한 존중과 배려를 나타내는 행위입니다.

낙인찍기는 또 다른 폭력이에요. 객관적인 시각으로 진실을 바라보세요. 우리는 공감과 이해로 소통할 수 있습니다.

5

선을 지키면
서로를 지킬 수 있어요

내가 괜찮다고 해서 모두가 괜찮은 건 아니에요. 세상에는 보이지 않는 '선'들이 촘촘하게 얽혀 있습니다. 직장 상사의 퇴근 후 연락, 친구의 깜짝 생일 파티, 연인 사이의 과거 이야기…

누군가에게는 호의였던 행동들이 다른 누군가에게는 불편함, 부담, 심지어 상처가 될 수 있습니다. 친근함의 표시였던 별명, 칭찬처럼 들렸던 외모에 대한 언급, 웃음을 유발하려던 농담까지도 마찬가지입니다. 우리는 종종 이 선을 넘는 행동으로 갈등을 겪고 타인에게 상처를 주기도 합니다.

선을 넘는 순간, 우리는 '선 넘는 사람'이 됩니다.

선을 넘는 행동은 단순히 그 순간의 실수로 끝나지 않습니다. 우리는 '선을 넘는 사람'이라는 낙인이 찍히고 사람들은 더 이상 우리를 신뢰하지 않게 됩니다. 또한 우리 주변에는 선을 넘는 행동에 둔감한 사람들이 모여들 가능성이 높아집니다.

이는 결국 우리의 인간관계를 해치고 삶의 질을 떨어뜨릴 수 있습니다. 한 연구에 따르면, 과거 학교 폭력 가해자였던 학생들이 성인이 된 후에도 직장 내 괴롭힘 가해자가 될 확률이 높다는 결과가 있습니다. 이는 선을 넘는 행동이 개인의 인격과 삶에 지속적인 영향을 미칠 수 있음을 보여줍니다.

"왜 이렇게 예민해?" 선을 넘는 사람들의 착각

안타깝게도 선을 자주 넘는 사람들은 오히려 상대방의 반응이 예민하다고 생각하는 경우가 많습니다. "내가 뭘 그렇게 잘못했어?", "농담도 못해?"와 같은 반응을 보이면서 말이죠. 하지만 이는 자신의 행동을 돌아보지 않고 상대방에게 책임을 전가하는 무책임한 태도입니다. 진정한 성숙함은 자신의 행동을 되돌아보고, 타인의 감정에 공감하며, 스스로의 '선'을 지키려는 노력에서 시작됩니다.

진정으로 나를 위하는 길, 선을 지키는 것

진정으로 나를 위하는 길은 하고 싶은 대로 다 하면서 폼 나게 사과하는 것이 아닙니다. 진정한 자기 존중은 스스로 정한 '선'을 지키는 데에서 시작됩니다.

자신이 먼저 선을 지킬 때 비로소 타인에게 존중받을 수 있습니다. '가는 말이 고와야 오는 말이 곱다.'는 속담처럼 존중은 상호적인 것입니다. 타인에게 존중받고 싶다면 먼저 존중해야 합니다. 타인의 말에 귀 기울이고 예의를 지키며 함부로 대하지 않는 것이 그 시작입니다.

"내가 괜찮으니까 너도 괜찮겠지."라는 생각은 위험한 착각입니다.

각자의 경험, 가치관, 성격은 모두 다르기 때문에, 같은 행동이라도 받아들이는 방식은 천차만별입니다. 따라서 선을 지킨다는 것은 상대방의 입장에서 생각하고 그들의 마음을 헤아리는 배려에서 시작됩니다.

경계를 넘나드는 행동들

- **사적인 영역 침범:** 퇴근 후 업무 관련 연락, SNS 친구 추가 요청, 갑작스러운 집 방문 등 개인적인 시간과 공간을 존중하지 않는 행위입니다. 개인적인 질문 (연봉, 결혼 계획, 가족 관계 등)도 마찬가지입니다. 허락 없이 타인의 물건

을 사용하거나 만지는 행위도 여기에 해당합니다.

- **외모 및 신체 관련 언급:** 외모 평가, 몸매 지적, 성적인 농담 등 상대방에게 불쾌감을 주거나 수치심을 느끼게 하는 행위입니다. 칭찬처럼 들리는 외모에 대한 언급도, 당사자에게는 불편함을 느끼게 하거나 외모에 대한 강박을 심어줄 수 있습니다.
- **폭력적인 언행:** 욕설, 비난, 협박, 따돌림 등 상대방에게 정신적 또는 신체적 고통을 주는 행위입니다. 웃음을 유발하려는 의도였더라도, 상대방에게 불쾌감을 주거나 비하하는 느낌을 줄 수 있는 농담도 포함됩니다.
- **차별적인 발언:** 인종, 성별, 종교, 장애 등 특정 집단에 대한 편견이나 혐오를 드러내는 행위입니다.

선을 지키는 습관, 존중받는 관계를 만드는 시작

선을 지키는 것은 단순히 규칙을 따르는 것이 아닌, 상대방을 존중하는 마음에서 우러나오는 행동입니다. 내가 편하다고 해서 상대방도 편한 것은 아니라는 사실을 기억하고, 항상 타인의 감정에 귀 기울여야 합니다.

선을 지키는 습관은 존중받는 관계를 만드는 첫걸음입니다. 서로의 마음을 배려하고 존중할 때 우리는 더욱 건강하고 성숙한 관계를 맺을 수 있습니다. '나'를 존중하는 만큼 '타인'을 존중하고, '타인'의 선을 지켜주는 만큼 '나'의 선도 지켜질 것입니다.

선을 지키는 것이 곧 나와 상대를 지키는 일이에요. 자신의 가치를 높이고, 더 나은 관계를 만들어가는 가장 확실한 방법입니다. 지금부터 선을 지키는 연습을 시작해 보세요.

'사과'에 대한 이모저모

사회적 규범 이론: 사회 구성원들이 공유하는 행동 규칙, 가치, 신념 등을 의미합니다. 사람들은 사회적 규범을 통해 사회 질서를 유지하고, 예측 가능한 방식으로 상호 작용하며, 사회적 정체성을 형성합니다. 선을 넘는 행위는 사회적 규범을 위반하는 행위이며, 이는 사회적 비난과 관계 단절로 이어질 수 있습니다.

학교 폭력과 직장 내 괴롭힘의 연관성: 단 올베우스(Dan Olweus)는 학교 폭력 연구에서 가해자가 또 다른 폭력 상황에서 가해자가 될 확률이 높다는 것을 발견했습니다.

이는 폭력 행동이 단순히 특정 상황이나 환경에 의한 것이 아니라, 가해자 개인의 성향이나 특징과 관련이 있음을 시사합니다.

올베우스의 연구에 따르면, 학교 폭력 가해자는 다음과 같은 특징을 보이는 경우가 많습니다.

공격적인 성향: 다른 사람에게 쉽게 화를 내거나 공격적인 행동을 보입니다.

힘에 대한 긍정적인 태도: 힘을 이용하여 다른 사람을 통제하거나 지배하려는 경향을 보입니다.

낮은 공감 능력: 다른 사람의 감정을 이해하거나 공감하는 능력이 부족합니다.

규칙 위반 경향: 학교 규칙이나 사회적 규범을 잘 지키지 않습니다.

이러한 특징을 가진 가해자는 학교 폭력을 저지른 후에도 자신의 행동을 반성하거나 책임감을 느끼기보다는, 오히려 폭력을 통해 자신감을 얻거나 만족감을 느끼는 경우가 있습니다. 따라서 이들은 다른 상황에서도 폭력적인 행동을 반복할 가능성이 높음을 보여줍니다. (출처: Olweus, D. (1993). Bullying at school: What we know and what we can do. Blackwell.)

8장

다시, 사과를 시작하는
어른들에게

1

사과하기 힘들다면
빌미를 제공하지 말아요

🍃

"내가 뭘 잘못했는데?"

자신의 잘못을 인정하지 못하고 오히려 반문하는 사람들이 있습니다. 하지만 우리는 살아가면서 수많은 실수를 저지릅니다. 누구나 사소한 말실수로 누군가의 마음을 상하게 할 수도 있고 잘못된 판단으로 돌이킬 수 없는 결과를 초래할수도 있습니다. 마치 걸어가다가 돌부리에 걸려 넘어지듯, 예상치 못한 순간에 실수를 저지르는 건 인간이라면 누구나 겪는 일입니다.

하지만 자신의 잘못을 인정하는 것은 쉽지 않습니다. 마치 눈앞에 놓인 쓴 약을 삼키는 것처럼, 마음 한켠이 쓰리고 불편한 감정이 밀려들죠. 자존심에 상처를 입을 수도 있고, 때로는 책임을 져야 할 상황에 놓일 수도 있습니다.

"내 잘못 맞아…."

솔직하게 자신의 잘못을 인정하는 것은 상당한 용기를 필요로 합니다. 하지만 자신의 잘못을 외면하고 회피하는 것은 결국 더 큰 문제를 불러일으킵니다. 마치 작은 불씨를 모른 척하면 큰 불로 번지듯 잘못을 인정하지 않으면 관계는 더욱 악화되고 갈등의 골은 깊어질 뿐입니다.

사과 안 하고 살 수 있을까?

의도치 않게 누군가에게 상처를 주거나 불편함을 주는 것은 인간관계에서 피할 수 없는 일입니다. 완벽한 사람은 없으니까요. 우리는 서로 다른 생각과 가치관을 가진 사람들이 모여 살아가고, 관계는 그 안에서 만들어지고 변화하는 역동적인 과정입니다. 서로를 알아가고 맞춰가는 과정 속에서, 예상치 못한 순간에 사소한 말실수나 행동으로 상대방에게 불편함을 줄 수도 있습니다.

중요한 것은 그러한 순간에 어떻게 대처하느냐입니다.

우연히 발생한 사소한 실수를 외면하고 사과를 피하다 보면 나도 모르는 사이에 상대방에게 상처를 주는 '가해자'가 될 수 있습니다. 작은 실수를 인정하지 않고 쌓아두면 결국에는 상대방과의 관계에 깊은 골을 만들고 돌이킬 수 없는 결과를 초래할 수도 있습니다.

합리적인 비난을 피하기 위해서는 애초에 사과할 상황을 만들지 않는 것이 최선의 방법입니다.

예를 들어 친구와의 약속 시간에 늦었다면, 단순히 "미안해, 늦었어."라고 말하는 것보다 늦은 이유를 구체적으로 설명하고, 다음부터는 늦지 않도록 노력하겠다는 진심을 전하는 것이 좋습니다.

만약 약속 시간에 늦었음에도 불구하고 "늦는 게 뭐 어때서?"와 같이 상대방의 감정을 고려하지 않은 말을 한다면 상대방에게 불쾌감을 주고 합리적인 비난을 받을 수 있습니다.

"내가 만약 상대방이라면 어떨까?"

상대방의 입장에서 생각해 보는 것은 불필요한 오해와 갈등을 예방하는 데 큰 도움이 됩니다.

상대방의 감정에 공감하고 배려하는 마음을 갖는다면, 말과 행동을 하기 전에 한 번 더 생각하게 되고, 스스로를 돌아보며 "혹시 내가 상대방에게 불편함을 주고 있지는 않은가?", "나의 말과 행동이 누군가에게 피해를 주고 있지는 않은가?"와 같이 끊임없이 자신에게 질문을 던지게 됩니다.

사소한 말과 행동 하나하나에 주의를 기울이는 것은 건강한 관계를 유지하는 비결입니다. 미리 주의를 기울이고 노력하는 자세를 통해 실수를 줄이고, 상대방과의 관계를 더욱 돈독하게 만들 수 있을 것입니다.

"내가 왜 그랬을까?" 자기 성찰, 사과의 첫걸음

자기 인정은 자기 성찰의 시작입니다. "내가 왜 그랬을까?", "어떻게 하면 더 잘할 수 있을까?"와 같은 질문들을 스스로에게 던져보세요. 마치 거울을 보듯 자신을 객관적으로 돌아보고, 잘못의 원인을 꼼꼼히 분석해야 합니다. 자기 성찰은 단순히 과거를 후회하고 자책하는 것이 아니라 미래를 향해 나아가기 위한 든든한 발판이 됩니다.

자기 인정이 어려운 사람들의 심리: 관계 단절의 늪

'나도 몰랐던 나'를 발견하는 시간, 자기 성찰. 하지만 이 과정은 때로는 고통스럽습니다. "내가 이런 사람이었나?" 싶을 정도로, 자신의 모습에 실망하거나 부끄러움을 느낄 수도 있습니다. 그래서 많은 사람들이 자기 인정과 성찰을 회피하고, 관계 단절이라는 쉬운 길을 선택합니다.

나를 발견하는 게 어렵지 않나요? '자기 인정이 힘든 사람들'

- **"혼자면 편해."**

  관계를 맺는다는 것은 필연적으로 갈등과 오해를 수반합니다. 자신의 잘못을 인정하고 사과해야 하는 상황에 직면할 수도 있습니다. 하지만 우리는 이러한 불편함을 피하기 위해 '혼자'라는 안락한 울타리 안에 숨어들곤 합니다.

- **"굳이 사과할 필요까지 있나?"**

  SNS와 메신저로 연결된 온라인 세상에서, 우리는 '좋아요'와 '이모티콘'으로 감정을 표현하고 소통합니다. 하지만 이러한 가벼운 소통 방식은 진정한 감정 교류를 대체할 수 없습니다. 깊이 있는 관계를 맺지 않으면 사과할 일도, 사과받을 일도 줄어듭니다. '사과'라는 행위 자체가 낯설고 어색하게 느껴지는 것은 어쩌면 당연한 결과일지도 모릅니다.

- **"내가 뭘 잘못했는지 모르겠어."**

   타인과의 교류가 줄어들수록, 우리는 자신의 행동을 객관적으로 돌아보고 반성할 기회를 잃습니다. '내가 뭘 잘못했는지'조차 깨닫지 못하는 '무지의 늪'에 빠져 타인에게 상처를 주고도 무감각해지는 것입니다.

- **"사과는 나약함의 증거야."**

   개인주의가 만연한 사회에서 자신의 감정을 솔직하게 드러내고 사과하는 것은 '나약함'으로 비춰질 수 있습니다. '쿨'하고 '강한' 모습을 유지하기 위해, 우리는 사과 대신 변명과 합리화를 선택합니다. 하지만 이러한 태도는 결국 고립과 단절을 심화시킬 뿐입니다.

- **"시간이 지나면 괜찮아지겠지."**

   진심 어린 사과 없이 덮어둔 갈등은 쉽게 사라지지 않습니다. 오히려 마음속 깊은 곳에 앙금처럼 남아 언젠가 더 큰 불화로 번질 수 있습니다. 하지만 사과하는 법을 잊어버린 우리는, 문제를 외면하고 시간이 해결해 주기를 기대합니다.

   사과를 잊고 무관심 속에 갇힌 우리는 점점 더 깊은 고독 속으로 빠져듭니다. 타인과의 진정한 연결을 갈망하면서도 동시에 그 연결이 가져올 불편함을 두려워하는 것입니다. 이러한 악순환은 결국 '외톨이'라는 씁쓸한 결말로 이어질 수 있습니다. 하지만 용기를 내어 자신의 잘못을 인정하고 사과할 때 우리는 오히려 더 큰 신뢰를 얻고 관계를 발전시킬 수 있습니다.

사과가 자신 없다면, 애초에 사과할 일을 만들지 마세요. 만약 아직 사과할 용기가 부족하거나, 어떻게 사과해야 할지 막막하다면, 우선 사과할 빌미를 만들지 않는 것부터 시작해 보세요.

'사과'에 대한 이모저모

사회적 불안 이론: 사회적 상황에서 타인에게 부정적인 평가를 받을까 봐 불안감과 두려움을 느끼는 심리적 현상을 설명하는 이론입니다. 사과를 해야 하는 상황에서 불안감이나 두려움을 느끼는 것은 자연스러운 현상입니다. (출처: Clark, D. M., & Wells, A. (1995). A cognitive model of social phobia. In R. G. Heimberg, M. R. Liebowitz, D. A. Hope, & F. R. Schneier (Eds.), Social phobia: Diagnosis, assessment, and treatment (pp. 69–93). Guilford Press.)

2

'가짜 사과'는
알레르기를 일으켜요

혹시 '사과'라는 단어만 들어도 괜히 움찔하는 사람, 있나요? "내가 뭘 잘 못했는데?"라는 말이 먼저 튀어나오는 당신이라면 혹시 '가짜 사과' 알레르 기는 아닌지 한번 생각해 보세요. 마치 꽃가루 알레르기처럼, 진정성 없는 '가짜 사과'는 불편하고 씁쓸한 감정만 남기며 관계에 붉은 반점을 남깁니다.

'가짜 사과' 알레르기에 시달려 본 적 있다? 없다?

곰곰이 생각해 보세요. 누군가에게 "미안해."라는 말을 듣고도 오히려 기 분이 상했던 적은 없었나요? 사과는 하는데 변명만 늘어놓거나 행동은 전 혀 변하지 않는다는 느낌을 받았다면, 당신은 이미 '가짜 사과' 알레르기를 겪고 있는 겁니다. 가짜 사과는 겉포장만 번지르르한 선물 상자와 같습니 다. 진정한 반성과 책임감 없이 단순히 말로만 하는 사과는 상대방의 상처 에 소금을 뿌리고 관계의 골을 깊게 만들 뿐입니다.

오해받기 쉬운 사과 유형

● "미안해, 하지만…"

사과의 말 뒤에 '하지만'이라는 단어를 붙여 자신의 행동을 정당화하거나 상황 탓으로 돌리는 경우. 예를 들어 "미안해, 하지만 나도 너무 바빠서 전화를 못 받았어."와 같이 말하는 것은 진심으로 사과하는 것처럼 보이지 않을 수 있습니다.

- **"내 의도는 그게 아니었어."**

  자신의 의도를 설명하는 데 집중하여 상대방의 감정을 제대로 헤아리지 못하는 경우, "내 의도는 그게 아니었어. 너를 울리려고 한 게 아니야."라는 말은 상대방의 슬픔을 인정하기보다는 자신의 행동을 변명하는 것처럼 들릴 수 있습니다.

- **"다음부터는 안 그럴게."**

  반복적으로 같은 실수를 저지르면서 말로만 사과하는 경우, "다음부터는 안 그럴게."라는 말은 행동의 변화 없이 반복되면 신뢰를 잃게 만들고, 진정성을 의심받게 됩니다.

- **표정과 태도**

  말은 "미안해."라고 하지만, 표정은 뚱하고 시큰둥한 태도를 보이는 경우, 비언어적인 표현은 말보다 더 강력한 메시지를 전달할 수 있습니다. 진심으로 미안한 마음이 있다면 표정과 태도에서도 드러나야 합니다.

완벽한 사람은 없지만, 완벽한 사과는 가능합니다.

누구나 실수는 합니다. 살면서 크고 작은 실수들을 피해 갈 수 있는 사람은 아무도 없죠. 하지만 중요한 것은 실수를 인정하고 진심으로 사과하는 것입니다. 실수 앞에서 자신을 솔직하게 드러내고 용기 있게 사과하는 모습은 오히려 나를 더욱 빛나게 합니다. 진정한 사과는 단순히 잘못을 고백하는 행위를 넘어 자신의 약점까지도 솔직하게 드러낼 수 있는 용기, 그리고 상대방을 존중하는 마음을 보여주는 증거이기 때문입니다.

내 안의 '진실된 사과'를 찾는 시간

하지만 자신의 부족함을 인정하고 솔직하게 사과하는 것은 생각보다 어려운 일입니다. "내가 뭘 잘못했는데?" 라는 생각에 사로잡히거나 자존심이 상하기도 하죠. 이럴 때 필요한 것은 바로 '나'를 객관적으로 바라보는 연습입니다.

마치 하늘에서 내려다보듯 전체적인 시야를 확보해야 합니다. 사과를 할 때 우리는 종종 자신의 입장에 갇혀 생각이 작아지고 시야가 좁아지기 쉽습니다. 하지만 진정한 사과를 위해서는 상황을 크게 보고, 상대방의 마음까지 헤아릴 수 있는 넓은 시야가 필요합니다.

나를 객관적으로 바라보는 연습을 해 보세요.

드론처럼 멀리서 보기 마치 드론을 띄워 정원을 내려다보듯, "내가 만약 저 사람이라면 어떤 기분일까?"라고 생각하며 상황을 객관적으로 바라보세요. 감정에 휩쓸리지 않고 상황을 전체적으로 조망하며 객관적인 시각을 유지하는 것이 중요합니다.

부정적 감정도 마주하기 부족함을 인정하는 과정에서 자괴감이나 수치심이 들수도 있습니다. 하지만 이러한 감정들을 피하지 않고 마주하는 것이 중요합니다. "괜찮아, 누구니 실수할 수 있어. 다음에는 더 잘하면 돼."라고 스스로를 격려하며 감정을 다스려 보세요.

솔직하게 물어 보기 주변 사람들에게 솔직한 피드백을 요청해 보는 건 어떨까요? "내 사과가 어떤 부분에서 부족했을까?", "솔직하게 말해줘도 괜찮아."와 같이 주변의 도움을 받아 자신의 부족한 점을 개선하기 위해 노력하는 모습을 보여주세요.

실수는 실패가 아닌 성장의 기회입니다. "이번 실수를 통해 많은 것을 배웠어. 다음에는 똑같은 실수를 반복하지 않도록 노력해야지."와 같이 긍정적인 태도를 유지하며 실수를 통해 배우고 발전해나가는 자신을 발견하게 될 것입니다.

자기성찰 없는 "미안해."는 용기 없는 가짜 사과예요. 진짜 사과를 해 본 사람만 가지는 용기는 나를 더욱 성숙하게 만들고, 진정한 용서와 화해를 이끌어 낼 수 있습니다.

'사과'에 대한 이모저모

인지 행동 치료 이론: 인지 행동 치료 이론에 따르면 개인의 생각, 감정, 행동은 서로 영향을 주고받으며, 잘못된 생각은 부정적인 행동으로 이어질 수 있습니다. "내가 뭘 잘못했는데?"와 같이 자신의 잘못을 인정하지 않고 상황이나 타인에게 책임을 돌리는 것은 인지적 왜곡이며 이는 책임 회피와 관계 악화로 이어지는 부정적인 행동 패턴입니다. 이처럼 인지 행동 치료 이론을 활용하여 '자기 변명'과 같은 사고방식이 사과에 어떤 영향을 미치는지 분석하고, 진정한 사과를 위해서는 자신의 생각과 행동을 객관적으로 돌아보고 수정하려는 노력이 필요함을 강조합니다. (출처: Beck, A. T. (1976). Cognitive therapy and the emotional disorders. International Universities Press.)

3

구체적인 "미안해"가
마음을 움직여요

누구나 "미안해."라는 말을 할 수 있지만, 진심을 담아 전달하는 것은 쉽지 않죠. "미안해."라는 세 글자만으로는 부족할 때가 많아요. 왜 그럴까요?

"대체 뭐가 미안한데?" 묻는 당신, 혹시 마음 탐정?

"미안해라고 했잖아. 대체 뭐가 미안한데?" 혹시 이런 말을 들어본 적 있으신가요? 아니면 스스로 이런 질문을 던져본 적은 없나요? 가끔은 "됐어, 미안하면 됐지 뭘 자꾸 묻는 거야?" 하고 생각할 수도 있습니다. 하지만 곰곰이 생각해 보면, "대체 뭐가 미안한데?"라는 질문은 단순히 꼬치꼬치 캐묻는 것이 아닙니다. 오히려 상대방의 진심을 확인하고 싶어하는 마음, 그리고 변화를 바라는 마음이 담겨 있는 거예요. 마치 진실을 밝히려는 탐정처럼, 상대방의 마음속을 깊이 들여다보고 싶어하는 것이죠.

마음을 움직이는 "미안해."는 따로 있어요.

친구와의 약속에 늦었을 때, 단순히 "늦어서 미안해."라고 말하는 것보다 "차가 막혀서 늦어서 정말 미안해."라고 구체적인 이유를 덧붙이면 어떨까요? 친구는 당신의 사과를 더 진정성 있게 받아들일 거예요. 늦은 이유를 설명함으로써 당신이 상황을 제대로 인지하고 있고, 변명하려는 의도가 없음을 보여주는 거죠.

또한, "앞으로는 ~할게."와 같이 재발 방지 약속을 하는 것은 상대방에게 "앞으로는 잘 해결될 수 있겠구나." 하는 희망을 심어주고 긍정적인 감정을 느끼게 합니다. "앞으로는 약속 시간을 잘 지킬게."라고 말하는 것보다 "앞으로는 약속 시간 30분 전에 미리 준비를 마치고 출발 전에 교통 상황을 확인해서 늦지 않도록 할게."와 같이 구체적인 계획을 덧붙이면 상대방은 당신의 약속에 더 큰 신뢰를 가질 겁니다.

구체적인 "미안해."는 머리와 마음을 동시에 움직입니다.

놀랍게도, 구체적인 행동 변화를 약속하는 것은 상대방의 신뢰를 얻는 것을 넘어 스스로의 행동 변화에도 큰 영향을 미친답니다. 뇌 과학적으로 설명해볼까요?

"~해서 미안해."와 같이 구체적인 잘못을 언급하면 상대방의 뇌 속에서 '이성적인 사고와 판단'을 담당하는 전두엽 피질이 활성화됩니다. 마치 전두엽 피질이라는 스위치를 켜서, 상대방이 당신의 사과를 더욱 논리적으로 받아들이도록 돕는 것과 같아요. "아, 이 사람이 진심으로 반성하고 있구나." 하고 느끼게 되는 것이죠.

"앞으로는 ~할게."와 같이 재발 방지 약속을 하는 것은 '보상과 쾌락'을 담당하는 측좌핵을 자극합니다. 마치 상대방의 뇌에 '기분 좋아지는 버튼'을 눌러 주는 것과 같아요. "앞으로는 잘 해결될 수 있겠구나." 하는 희망을 갖게 되는 것이죠.

하지만 구체적인 사과는 '나의 뇌'에도 놀라운 변화를 가져온답니다.

구체적으로 말할수록 내 머릿속에 '약속 지키기 프로그램'이 촘촘하게 설치됩니다.

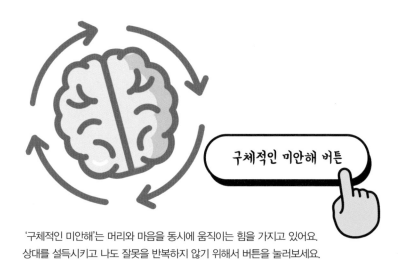

'구체적인 미안해'는 머리와 마음을 동시에 움직이는 힘을 가지고 있어요.
상대를 설득시키고 나도 잘못을 반복하지 않기 위해서 버튼을 눌러보세요.

- **전전두엽 피질이 풀가동됩니다.**

  구체적으로 잘못을 짚어보고 앞으로 어떻게 할지 계획하는 동안, 뇌의 사령탑인 전전두엽 피질이 활성화돼요. 마치 약속을 지키기 위한 작전을 짜는 것처럼, 뇌가 움직이는 거죠.

- **측좌핵이 긍정 에너지를 선물합니다.**

  "앞으로는 ~할게."라고 약속하는 순간, 뇌의 보상 중추인 측좌핵이 활성화되고 기분 좋은 도파민이 뿜겨져 나옵니다. 약속을 지켰을 때의 뿌듯함을 미리 상상하며, 뇌는 스스로에게 동기 부여를 하는 거예요.

- **해마가 기억을 새겨줍니다.**

  구체적인 사과는 해마의 기억력을 강화시켜 줘요. 마치 과거의 실수를 잊지 않도록 뇌에 깊이 새겨주는 것과 같죠.

구체적인 미안해는 나와 상대에게 모두 통하는 사과예요. 구체적인 사과와 진심 어린 태도를 통해 상대방에게 진정성을 전달하세요.

'사과'에 대한 이모저모

뇌 과학: 뇌의 구조, 기능, 작용 메커니즘 등을 연구하는 학문 분야입니다. 구체적인 사과는 뇌의 전두엽 피질, 측좌핵, 해마 등 다양한 영역을 활성화시켜 사과의 진정성을 높이고, 행동 변화를 촉진하며, 기억력을 강화하는 데 도움을 줄 수 있습니다.

4

사과, 쉽게 하지도
거부하지도 마세요

팀 프로젝트를 망쳐놓고 "미안." 한 마디로 넘어가려 한다면, 이미 깨진 신뢰를
회복하기는 어려울 것입니다. 팀원 A는 당신을 못 미더워하고, 팀원 B는 당신 때
문에 받은 스트레스를 팀원 C에게 괜히 짜증 내며 풀어버릴지도 모릅니다. 도미
노처럼 하나의 문제가 연쇄적인 갈등을 일으키는 것입니다.

홧김에 친구에게 상처 주는 말을 내뱉고 나중에 사과한다고 해서 그 상처가
쉽게 아물까요? 아마 흉터처럼 남아 있을 겁니다. 친구는 당신을 경계하고 다른
친구들에게 당신에 대한 험담을 늘어놓을지도 모릅니다. 깨진 유리조각처럼, 상
처는 쉽게 아물지 않고 계속해서 아픔을 줍니다.

SNS에서 누군가를 차단했다고 해서 그 사람과의 관계가 완전히 끝나는 걸
까요? 인터넷 세상은 넓고 소문은 빠릅니다. 당신의 행동은 다른 사람들에게도
전달되고 또 다른 누군가에게 상처를 줄 수 있습니다. 잘못된 정보가 빠르게 퍼
져나가 오해를 불러일으키고, 당사자들뿐만 아니라 주변 사람들까지 논쟁에 휘
말리게 될 수도 있습니다.

이제는 단순히 "미안하다."라는 말 한마디로 모든 문제가 해결될 수 없다
는 것을 알아야 합니다.

하기 싫은 사과, 받아주지 않는 사과, 내가 하는 사과, 내가 받는 사과…

사과 하나에 얽힌 감정들은 복잡하고, 그 영향력은 생각보다 훨씬 큽니다.

마치 거미줄처럼 촘촘히 얽힌 관계 속에서 우리의 사과는 작은 떨림을 일으키고, 그 파장은 예상치 못한 곳까지 퍼져 나갑니다. 아마존 숲의 나비 한 마리가 날갯짓으로 태풍을 일으키듯, 작은 사과 하나가 관계의 큰 변화를 가져올 수 있습니다.

사과는 당연한 것 같지만…

사과를 하고 받아주는 것은 당연해 보입니다. 하지만 실제로는 그렇지 않습니다. 사과를 하지 않거나 받아주지 않는 것은 단순히 감정싸움으로 끝나지 않습니다. 젠가 게임처럼 하나의 블록을 빼는 순간 전체가 무너질 수도 있습니다.

관계는 젠가 블록, 하나만 무너져도 와르르

사과를 하지 않거나 받아주지 않는 것은 젠가 블록 하나를 빼는 것과 같습니다. 당장은 괜찮아 보여도 언젠가 그 작은 틈이 관계 전체를 무너뜨릴 수 있습니다. 게다가 망가진 관계는 다시 쌓아 올리기 어렵습니다. 무너진 탑을 다시 세우는 것처럼, 엄청난 시간과 노력이 필요합니다.

사과, 신중한 결단이 필요한 순간

사과는 단순히 잘못을 인정하는 것 이상의 의미를 지닙니다. 나와 연결된 모든 관계에 영향을 미치는 작지만 강력한 힘을 가진 행위입니다. 우리는 생각보다 더 복잡하고 좁은 관계 속에 살아가고 있습니다.

흥미로운 사실은, 2023년 연세대학교 사회학과 연구팀의 설문 조사에 따르면, 부부 갈등 상황에서 배우자의 진심 어린 사과를 경험한 사람들은 그렇지 않은 사람들에 비해 결혼 생활 만족도가 1.8배 높았으며, 이혼율은 30% 낮은 것으로 나타났습니다.

사과는 단순히 말로 하는 행위를 넘어 상대방의 마음을 움직이고 관계를 긍정적인 방향으로 이끌 수 있는 힘을 가지고 있습니다. 그렇기에 사과는 더욱 신중한 결단이 필요합니다. 섣불리 사과를 거부하거나, 진심 없는 사과로 상황을 무마하려 한다면, 결국 나에게 돌아오는 것은 후회와 외로움뿐입니다.

관계의 끝맺음, 그리고 새로운 시작

때로는 관계를 정리하는 것이 나를 위한 최선의 선택일 수 있습니다. 하지만 관계를 끝내는 것은 쉽지 않은 결정입니다. 만약 그렇게 결정했다면 최대한 깔끔하게 마무리 짓는 것이 중요합니다.

괜한 감정 싸움이나 뒷말은 피하고 서로에게 상처 주는 말은 하지 않도록 노력해야 합니다. 깔끔한 마무리는 미련을 남기지 않고 앞으로 나아갈 수 있는 힘을 줍니다.

관계를 끝내기 전에, 스스로에게 다음과 같은 질문들을 던져보세요.

- **정말 안 볼 사이인가요?**
  다시 마주칠 일은 없는지, 미래에 어떤 식으로든 연결될 가능성은 없는지 냉정하게 따져봐야 합니다. 세상 참 좁습니다. 어디서 어떻게 다시 엮일지 모릅니다.

- **일만 하는 사이인가요?**
  공적인 관계라도, 감성적인 부분이 완전히 배제될 수는 없습니다. 불편한 관계는 업무 효율에도 영향을 미치고, 결국 나에게도 손해입니다.

- **겹치는 지인은 없는가요?**
  당신의 행동은 다른 사람들에게도 전달될 수 있습니다. 뒷말이 나오거나 평판에 영향을 미칠 수 있다는 점, 잊지 마세요.

- **나에게 미치는 영향은 무엇인가요?**
  사과하지 않거나 받아주지 않는 것이 나에게 어떤 감정적 영향을 미칠지 생각해 보세요. 죄책감, 후회, 불안감 등 부정적인 감정이 오래 지속될 수 있습니다. 찜찜하게 관계를 끌고 가기보다는 깔끔하게 마무리하는 것이 마음 편할 수 있습니다.

관계의 끝에서 한 번 더 생각해 보세요.
관계를 계속 이어갈지,
관계를 잘라도 후회 없을지.

관계의 끝에서도 진심 어린 사과는 상대방에게 줄 수 있는 마지막 선물이 될 수 있습니다. 사과를 통해 후회와 미련을 줄이고 서로에게 좋은 기억을 남기며 새로운 시작을 할 수 있도록 노력해야 합니다.

사과, 쉽게 뱉지도 삼키지도 마세요. 신중하게 결정하고, 후회 없는 사과를 할 때 관계의 상처는 아물고 새로운 시작을 맞이할 수 있습니다.

5

사과에도
순서가 있어요

진정한 사과를 하기 위해서는 용기가 필요합니다. 하지만 용기를 낸다고 해서 무조건 사과가 성공하는 것은 아닙니다. 그 용기에 상대방의 마음을 담지 않으면 공허한 외침에 지나지 않습니다. 마치 울림 없는 빈 깡통처럼, 요란한 소리만 낼 뿐 아무도 귀 기울이지 않습니다. 사과의 진정한 힘은 상대의 마음을 헤아리고 관계를 회복하려는 의지에서 나옵니다.

사과 용기: 깨지기 쉬운 유리잔 vs 견고한 금고

깨지기 쉬운 유리잔에 뜨거운 물을 부으면 깨져 버리듯, 진심 없는 사과는 오히려 관계를 더 악화시킬 수 있습니다. 진정한 사과는 튼튼한 용기와 같아야 합니다. 자신의 잘못을 인정하고, 상대방의 아픔에 공감하며, 변화를 약속하는 단단한 마음, 그것이 바로 '사과 용기'입니다.

하지만 여기서 중요한 것은, 이 용기에 담아야 할 것은 '상대방이 원하는 것'이라는 점입니다. 내 바람, 내 변명, 내 합리화를 담는 순간, 아무리 대단한 용기라도 금이 가고 깨져버릴 수 있습니다. 마치 귀중품을 보관하는 금고에 쓰레기를 채워 넣는 것과 같습니다.

상대가 원하는 세 마디, 먼저 건네보세요.

사과의 핵심은 바로 세 마디에 담겨 있습니다. 인정, 공감, 변화. 마치 목적지까지 안내하는 이정표처럼 이 세 마디는 상대방의 마음을 열고 진심을 전달하는 데 중요한 역할을 합니다. 그리고 궁극적으로 화해에 이르는 길을 안내하죠.

하지만 우리는 종종 자신의 입장에서 사과를 하려고 합니다. "내가 이만 큼이나 사과했는데 왜 아직 화가 안 풀린 거야?" 혹은 "사실 나는 그럴 의도 가 아니었어…."와 같이 '나'를 중심에 둔 이야기를 꺼내곤 하죠. 물론 당신 의 이야기, 당신의 의도, 당신의 진심, 모두 중요합니다. 하지만 잠시 내려 놓고, 상대방이 원하는 사과 언어의 세 마디를 먼저 건네보세요. 놀랍게도 당신의 진심이 더 잘 전달될 것입니다.

전문 용어로, 이처럼 '나'를 중심에 둔 이야기를 'I-message'라고 하고, '너'를 중심에 둔 이야기를 'You-message'라고 합니다. 진정한 사과는 '너' 를 중심에 둔 You-message로 시작해야 합니다. 즉, 상대방의 입장에서 생각하고, 느끼고, 행동해야 합니다.

상대방은 당신의 진심, 세 마디를 듣고 싶어 합니다.

- 내가 당신의 잘못을 인정하는지 듣고 싶어 합니다.
- 내가 당신의 마음에 공감하는지 알고 싶어 합니다.
- 내가 앞으로 달라질 건지 보고 싶어 합니다.

1. 인정 "미안해, 내가 잘못했어."

상대방에게 진심을 전달하는 첫 번째 단계는 바로 '인정'입니다. 마치 빨 간 약을 바르기 전에 상처 부위를 깨끗하게 소독하듯, 솔직하게 자신의 잘 못을 인정해야 합니다. 하지만 단순히 "미안해."라고 말하는 것만으로는 충 분하지 않습니다. "내가 너의 마음을 몰라주고 함부로 말해서 미안해."처럼 구체적으로 어떤 부분을 잘못했는지 이야기하는 것이 좋습니다. 그런 다음 "내 실수야.", "내가 늦었어.", "내가 심했어.", "내 잘못이야.", "내가 부족했어." 등과 같이 자신의 잘못임을 분명하게 인정하는 말을 하는 것이 중요합니다. 이는 상대방에게 당신이 자신의 잘못을 진정으로 깨닫고 있음을 보여주는 가장 확실한 방법이기 때문입니다.

2. 공감 "네 마음 이해해."

상대방의 입장에서 생각하고, 그 아픔을 함께 느껴보세요. 마치 빨간약을 바를 때 아플까 봐 조심스럽게 행동하는 것처럼, 상대방의 마음을 따뜻하게 감싸주는 것이 두 번째 단계입니다. "네가 내 말에 얼마나 실망했을지 상상도 안 돼."와 같이 상대방의 감정을 공감하는 모습을 보여주세요. 진심으로 공감할 때, 상대방은 마음의 문을 열고 당신의 사과를 받아들일 준비를 하게 됩니다.

3. 변화 "앞으로는 달라질게."

말뿐인 사과는 깨진 유리 조각처럼 날카롭기만 합니다. 진정한 사과는 변화된 행동으로 이어져야 합니다. 마치 새살이 돋아나 흉터가 사라지듯 새로운 모습을 보여주세요. "앞으로는 네 말을 더 주의 깊게 듣고, 너의 마음을 먼저 생각할게."와 같이 구체적인 행동 변화를 약속하면 더욱 좋습니다. 변화하려는 노력을 보여줄 때 비로소 상대방은 당신의 진심을 믿고 관계 회복에 대한 희망을 갖게 됩니다.

두려워하지 말고 사과하세요.

"사과는 나약함의 표현이 아닐까?", "사과하면 내가 낮아지는 것 같아." 혹시 이런 생각 때문에 사과를 망설였던 적은 없나요? 자기 효능감 이론에 따르면 개인이 특정 과제를 성공적으로 수행할 수 있다는 믿음은 과제 수행에 긍정적인 영향을 미칩니다. 사과에 대한 자신감이 부족하면 사과를 해야 하는 상황에서 불안감이나 두려움을 느끼게 되고 결국 사과를 어렵게 만듭니다.

사과에도 순서가 있다는 것을 기억하세요.

마치 계단을 한 칸 한 칸씩 밟아 올라가듯 '인정, 공감, 변화' 이 세 단계를 차근차근 밟아나가야 합니다. 상대방이 진정으로 원하는 것은 바로 이 세 가지입니다. 진심을 담아 이 세 마디를 전달할 때 순서를 지키는 것이 중요합니다. 하지만, 이러한 사과는 단번에 되는 것이 아닙니다. 꾸준한 노력과 훈련을 통해 '인정, 공감, 변화'의 순서를 지키는 사과 습관을 만들어야 합니다. 이 과정을 통해 사과에 대한 자신감을 얻고 자존감을 높이며 성장할 수 있습니다. 자신감을 가지고 진심으로 사과할 때, 상대방과의 관계 회복은 물론 스스로를 더 나은 사람으로 만들 수 있습니다.

1, 2, 3… 그리고 나

사과의 순서는 중요합니다. 자신의 변명이나 합리화가 먼저 나오면, 상대방은 진심을 의심하게 됩니다. 마치 맛있는 케이크를 만들기 위해서는 순서대로 재료를 넣어야 하는 것처럼, 사과에도 순서가 있습니다. 1, 2, 3 법칙을 기억하고 진심을 담은 사과로 상대방의 마음을 열고 관계를 회복해야 합니다.

그리고… 비로소 당신의 차례

하지만 조급해하지 말아야 합니다. 진정한 사과는 상대방에게 충분한 시간과 공간을 주는 것에서 시작됩니다. 상대방이 당신의 진심을 느끼고 받아들일 준비가 되었을 때, 비로소 당신의 이야기를 꺼내야 합니다. 때로는 내가 네 번째, 다섯 번째 순서가 되어도 괜찮습니다. 중요한 것은 당신의 진심이 상대방에게 온전히 전달되는 것입니다.

하지만 진심 어린 사과는 단순히 "미안해."라는 말로 끝나는 것이 아닙니다. "내가 어떻게 하면 좋을까?"라는 질문으로 이어져야 합니다. 상대방에게 진정한 사과를 전하고, 관계를 회복하기 위해 어떤 노력을 기울일 수 있을지 고민해야 합니다.

예를 들어, 빌린 물건을 망가뜨렸다면 단순히 "미안해."라고 말하는 것에서 그치지 않고, "내가 어떻게 하면 네 기분을 풀어줄 수 있을까?" 하고 물어보는 것이 좋습니다. 그리고 물건을 새로 사주거나, 수리비를 지불하는 등 구체적인 행동을 통해 책임감을 보여주는 것이 중요합니다.

사과는 상대가 원하는 세 마디예요. 그 용기에 담긴 진심은 어떤 어려움도 극복하고, 관계를 회복시키는 놀라운 힘을 발휘할 것입니다.

'사과'에 대한 이모저모

자기 효능감 이론: 앨버트 반두라(Albert Bandura)가 제시한 이론으로, 개인이 특정 과제를 성공적으로 수행할 수 있다는 믿음, 즉 자기 효능감이 과제 수행에 중요한 영향을 미친다는 이론입니다. 사과에 대한 자신감을 가지면 진심 어린 사과를 통해 관계 회복을 이끌어 낼 수 있습니다. (출처: Bandura, A. (1977). Self-efficacy: Toward a unifying theory of behavioral change. Psychological Review, 84(2), 191.)

6

진심이 통하는
'제때'를 찾아야 해요

"지금 사과하는 게 정말 최선이라고 생각해?"

누군가에게 진심으로 사과해야 할 때, 마치 사과에도 정해진 때가 있는 것처럼 이런 질문을 받아본 적 있으신가요? "지금 사과하면 괜찮을까?", "아니면 좀 더 기다렸다가 해야 할까?" 고민하며 머뭇거렸던 경험, 아마 누구나 한 번쯤은 있을 겁니다.

사과의 타이밍, 정답은 없지만 적절한 때를 찾기 위한 노력은 분명 필요합니다.

때를 놓친 사과는 약이 아니라 독이 될 수 있으니까요. 마치 상처에 바르는 연고처럼, 사과도 적절한 때에 해야 효과를 볼 수 있습니다. 너무 늦은 사과는 상처를 더욱 곪게 만들고, 관계 회복을 어렵게 만들 수 있습니다. 하지만 때로는 너무 재지 않고 나의 진심을 곧바로 전하는 것이 더 나은 결과를 가져올 수도 있습니다.

상대방의 마음은 중요하지만, 때로는 나의 진심이 우선될 수 있습니다.

물론 상대방이 당신의 사과를 받아들일 준비가 되었는지, 어떤 방식의 사과를 원하는지 등을 세심하게 살피는 것은 중요합니다. 하지만 상대방의 마음이 완전히 준비되지 않았더라도 나의 진심을 담은 사과가 오히려 상대방의 마음을 움직이고 관계 회복의 물꼬를 틀 수도 있습니다.

진심은 때로는 모든 벽을 허물 수 있는 강력한 힘을 지니고 있습니다.

나의 진심이 충분히 강력하다면 상대방의 감정 상태나 상황의 심각성을 뛰어넘어 상대방의 마음에 닿을 수 있습니다. 중요한 것은 나의 진심을 표현하는 방법입니다. 상대방의 입장을 고려하고 진솔한 마음을 담아 사과한다면 예상치 못한 긍정적인 결과를 얻을 수도 있습니다.

사과의 타이밍을 찾는 것은 마치 낯선 길을 찾아가는 것과 같습니다. 정해진 지도나 표지판은 없지만, 주변 환경을 잘 살피고 길을 찾기 위해 노력하면 목적지에 도달할 수 있듯, 사과도 마찬가지입니다. 정해진 답은 없지만 상대방의 마음을 이해하고 관계 회복을 위해 노력하면 결국 적절한 타이밍을 찾을 수 있을 것입니다. 때로는 용기 있는 진심이 길을 안내할 수도 있습니다.

사과의 적절한 타이밍을 찾기 위한 CHECK LIST

1. 상대방의 감정 상태가 어떤가요?

상대방이 아직 화가 나 있거나 흥분한 상태라면 사과를 받아들일 준비가 되지 않았을 가능성이 높습니다. 이럴 때는 상대방의 감정이 진정될 때까지 기다리는 것이 좋습니다. 섣불리 사과했나가는 오히려 역효과를 낼 수 있기 때문입니다. 상대방의 표정, 말투, 행동 등을 주의 깊게 살펴보고, 사과할 적절한 타이밍을 찾으세요.

2. 자신의 잘못을 명확히 인지하고 반성했나요?

진심으로 사과하기 위해서는 먼저 자신의 잘못을 명확하게 인지하고 반성해야 합니다. "내가 왜 사과해야 하지?"라는 생각이 든다면, 사과할 준비가 되지 않은 것입니다. 자신의 행동을 되돌아보고, 상대방에게 어떤 피해를 주었는지, 어떤 감정을 느끼게 했는지 깊이 생각해 보세요.

3. 상황에 맞는 적절한 표현을 준비했나요?

단순히 "미안해."라는 말보다 구체적으로 어떤 부분이 잘못되었는지, 앞으로 어떻게 개선할 것인지 이야기하는 것이 좋습니다. 예를 들어, "제가 말씀드린 부분이 잘못되었습니다. 다음부터는 더 주의하겠습니다."와 같이 구체적인 행동 계획을 함께 제시하면 사과의 진정성을 더욱 높일 수 있습니다.

4. 진심을 담아 꾸준히 노력하는 모습을 보여줄 준비가 되었나요?

한 번의 사과로 모든 것이 해결되는 것은 아닙니다. 사과 후에도 꾸준히 노력하는 모습을 보여주어야 상대방의 마음을 얻을 수 있습니다.

예를 들어, 약속 시간에 늦었을 때 "다음부터는 절대 늦지 않겠습니다."라고 말했다면, 실제로 다음 약속에는 시간을 잘 지키는 모습을 보여주어야 합니다.

5. 가까운 사이일수록 더욱 신경 써야 함을 기억하세요.

가족이나 친구라고 해서 사과를 소홀히 해서는 안 됩니다. 오히려 가까운 사이일수록 작은 상처에도 더 큰 아픔을 느낄 수 있습니다. 가까운 사람에게 잘못을 했을 때는 더욱 진심을 담아 사과하고, 관계 회복을 위해 노력해야 합니다.

사과는 나와 상대방의 '속도' 차이를 이해하는 것이 중요합니다.

춤을 출 때, 파트너의 속도에 맞춰 리드하는 사람이 있고, 따라가는 사람이 있듯이, 사과를 할 때에도 상대방의 속도에 맞춰야 합니다. 상대방이 아직 화가 나 있거나 마음의 준비가 되지 않았다면 조금 시간을 두고 기다리는 것이 좋습니다. 섣불리 사과했다가는 오히려 역효과를 낼 수 있기 때문입니다.

하지만 무작정 기다리기만 해서도 안 됩니다. 상대방의 마음이 조금 진정되었다고 판단되면, 진심을 담아 사과해야 합니다. 이때 중요한 것은 '속도 조절'입니다. 상대방의 표정, 말투, 행동 등을 주의 깊게 살피면서 상대방이 사과를 받아들일 준비가 되었는지 파악해야 합니다.

적절한 타이밍을 찾기 위해 끊임없이 노력해야 합니다. 상대방에게 진심으로 다가가 대화를 시도하고, 그들의 마음을 이해하려고 노력해야 합니다. 때로는 직접적인 사과보다 먼저 진심을 담은 편지나 선물을 전달하는 것이 더 효과적일 수도 있습니다.

사과의 타이밍은 상대방을 헤아리는 것에서 시작되지만, 나의 진심이 '제때'를 만들 수도 있어요. 나의 마음을 들여다보고, 상대방을 헤아릴 때, 진심이 통하는 사과를 할 수 있을 거예요.

'사과'에 대한 이모저모

관계 유지 본능: 바우마이스터(Baumeister)와 리어리(Leary)가 제시한 이론으로, 인간은 누구나 타인과 긍정적인 관계를 맺고 유지하고 싶어하는 본능적인 욕구를 가지고 있다는 이론입니다. 사과는 관계 유지 본능을 충족시키는 중요한 행동이며, 적절한 타이밍에 진심으로 사과함으로써 긍정적인 관계를 유지하고 강화할 수 있습니다. (참고: Baumeister, R. F., & Leary, M. R. (1995). The need to belong: Desire for interpersonal attachments as a fundamental human motivation. Psychological Bulletin, 117(3), 497.)

9장

어른의 기술,
관계의 매듭 풀기

1

사과는 변명으로
시작해서는 안 돼요

"미안해, 하지만…" 이라는 말, 참 익숙하지 않나요? 우리는 사과를 할 때 종종 "하지만" 뒤에 숨어 변명을 늘어놓곤 합니다. 마치 "미안해, 하지만 어쩔 수 없었어."라고 말하며 책임을 회피하려는 것처럼 말이죠. 하지만 변명으로 시작하는 사과는 상대방의 마음에 닿기 어렵습니다. 오히려 상처에 소금을 뿌리는 것처럼, 관계를 더 악화시킬 수도 있습니다.

사과는 진심으로 후회하고 반성하는 마음에서 우러나와야 합니다. 변명으로 가득 채워진 사과는 진정성이 떨어지고, 결국 더 큰 후회로 남을 가능성이 높습니다. 마치 잘못 붙인 단추처럼, 처음부터 다시 시작해야 하는 번거로움을 초래할 수 있습니다.

그 놈의 '하지만', 나약한 나를 드러내는 말

변명은 왜 우리를 유혹하는 걸까요? 자신의 잘못을 인정하고 책임지는 것이 두렵거나 불안할 때, 우리는 변명이라는 방패 뒤에 숨으려 합니다. 마치 갑옷을 입고 전쟁터에 나가는 것처럼, 변명은 우리에게 심리적인 안정감을 줍니다. 하지만 변명이라는 갑옷은 상대방과의 진정한 소통을 가로막는 단단한 벽이 될 수도 있습니다.

변명과 상황 설명은 종이 한 장 차이처럼 보이지만, 그 의미는 전혀 다릅니다. 변명은 자신의 잘못을 합리화하고 책임을 회피하려는 시도인 반면, 상황 설명은 상대방에게 오해를 풀고 상황을 정확하게 이해시키려는 노력입니다. 예를 들어, 친구와의 약속에 늦었을 때 "미안해, 하지만 길이 너무 막혔어."라고 말하는 것은 변명이고, "미안해, 약속 시간에 늦어서 정말 미안해. 사실은 길이 너무 막혀서 예상보다 훨씬 늦어졌어."라고 말하는 것은 상황 설명입니다.

'하지만' 대신, 솔직한 감정을 표현하세요.

"~해서 정말 미안해. 사실 ~한 마음도 있었어."와 같이 자신의 감정을 솔직하게 표현하는 것은, 상대방의 이해를 얻고 관계 개선에 도움이 될 수 있습니다. 마치 가면을 벗고 진솔한 모습을 보여주는 것처럼, 솔직한 감정 표현은 상대방에게 진심을 전달하고 마음의 벽을 허무는 힘을 가지고 있습니다.

그럼에도 '하지만'을 써야 하는 상황이 있을까요?

물론입니다. 때로는 상황을 설명하거나 오해를 풀기 위해 '하지만'이라는 말이 필요할 수도 있습니다. 하지만 그럴 때에도, 먼저 상대방의 감정을 인정하고 공감하는 것이 우선입니다. "네 말을 들으니 내가 너를 얼마나 힘들게 했는지 알겠어. 정말 미안해. 사실 나도 ~한 상황이었기 때문에 그런 행동을 하게 되었어."와 같이 말하는 것이죠. 상대방의 감정을 먼저 헤아리고 이해하는 모습을 보여줄 때, '하지만' 뒤에 따르는 말들이 변명이 아닌 진솔한 설명으로 받아들여질 가능성이 높습니다.

변명 대신 취할 수 있는 행동은 무엇일까요?

- **잘못을 인정하세요.** "내가 잘못했어."라고 솔직하게 말하는 것은 사과의 첫걸음입니다.
- **상대방의 감정에 공감하세요.** "너에게 상처를 준 것 같아 정말 마음이 무겁고

후회스러워."와 같이 상대방의 입장에서 생각하고 이해하려는 노력을 보여주
세요.

- **재발 방지를 약속하세요.** "다시는 같은 잘못을 반복하지 않을게."와 같이 구체
적인 행동 계획을 제시하고, 변화를 위해 노력하는 모습을 보여주세요.

사과는 변명의 그늘 아래 숨어서는 안 돼요. 솔직함으로 빛나는 진정한 사
과만이 상처 입은 관계를 치유하고 새로운 시작을 위한 발판이 될 수 있습니다.

2

납작 엎드리는 사과,
잘 통할까요?

　사과, 참 어려운 일이죠. 특히 내 마음도 상했는데 혹은 내 잘못이 아닌 것 같은데 사과를 해야 하는 상황이라면 더더욱 그렇습니다. 그럴 때 우리는 나도 모르게 자신을 낮추는 말들을 하게 됩니다. "제가 다 잘못했어요.", "제가 부족해서 그랬습니다.", "다음부터는 절대 이런 일 없도록 하겠습니다."와 같이 말이죠. 마치 땅에 납작 엎드려 용서를 구하는 모습처럼 말입니다.

　하지만 잠깐만요! 혹시 이런 사과 방식이 나를 작아지게 만들고 있지는 않나요? 마치 깊은 상처를 덮으려고 급하게 반창고를 붙였는데, 오히려 상처 부위를 더 압박해서 아픔을 키우는 것과 같습니다.

　혹시, '미안하다.'는 말 뒤에 숨어 있나요?

　내가 내 자신을 낮출수록 상대에게 내 사과가 잘 전달될까요? 물론 검손한 모습은 좋은 인상을 줄 수 있습니다. 하지만 지나치게 자신을 낮추는 것은 오히려 역효과를 불러올 수 있습니다. 상대방은 당신의 사과에서 진정성을 느끼기보다는, 당신을 만만하게 보거나 동정심 혹은 불편함을 느낄 수도 있습니다.

　자존감을 낮추는 사과는, 스스로의 가치를 깎아내리는 행위입니다.

　"심리학자 칼 로저스(Carl Rogers)는 "인간은 누구나 '자기 가치감'을 가지고 태어난다."라고 말했습니다. 이는 우리 모두 소중한 존재이며 그 자체로 존중받아야 마땅하다는 것을 의미합니다.

하지만 자존감을 낮추는 사과를 반복하다 보면 우리는 스스로의 가치를 잊고 작아지게 됩니다. 마치 빛나는 보석이 먼지 속에 묻혀 그 빛을 잃어가는 것처럼 말입니다. 자존감을 낮추는 사과는 이처럼 소중한 자기 가치감을 훼손시키는 주요 원인 중 하나입니다. 자신의 잘못을 인정하고 책임지는 것과 자신을 무가치하게 여기는 것은 전혀 다른 문제입니다. 습관적으로 자신을 낮추는 사과를 반복하다 보면 스스로에 대한 부정적인 인식이 강화되고 자존감이 점점 낮아질 수 있습니다.

자존감을 낮추는 사과의 유형들

- **과도한 자기 비난** "제가 쓸모없는 인간이라서…", "저는 정말 형편없는 사람입니다…"와 같이 자신을 과도하게 비난하는 표현은 마치 스스로에게 벌을 주는 것과 같습니다. 상대방에게는 불편함을 주고, 나에게는 깊은 상처를 남길 수 있습니다. 예를 들어, 친구와의 약속 시간에 늦었을 때 "제가 쓸모없는 인간이라서 시간 약속도 못 지켰어요."라고 말하는 것은 과도한 자기 비난입니다.

- **무조건적인 책임 전가** "모두 제 잘못입니다.", "저 때문에 일이 이렇게 되었어요."와 같이 모든 책임을 자신에게 돌리는 것은 마치 무거운 짐을 혼자 짊어지고 가는 것과 같습니다. 상황을 객관적으로 바라보지 못하게 하고, 진정한 문제 해결에서 멀어지게 만듭니다. 예를 들어, 팀 프로젝트가 실패했을 때 "모두 제 잘못입니다. 제가 제대로 하지 못해서 팀원들에게 피해를 끼쳤어요."라고 말하는 것은 무조건적인 책임 전가입니다.

- **굴욕적인 태도** 무릎을 꿇거나 비굴한 표현을 사용하는 것은 마치 스스로를 낮추어 상대방에게 발밑에 있는 듯한 인상을 주는 것과 같습니다. 이는 자신의 존엄성을 훼손할 뿐 아니라, 상대방에게도 진정한 사과로 받아들여지지 않을

수 있습니다. 예를 들어, 상사에게 업무 실수를 저질렀을 때 무릎을 꿇고 "죄송합니다. 다시는 이런 일이 없도록 하겠습니다."라고 말하는 것은 굴욕적인 태도입니다.

자존감을 지키면서 사과하는 방법

- **잘못은 인정하되, 나의 가치를 훼손하지 않게 표현해 주세요.**
  "내 행동으로 인해 네가 상처받았다니 정말 미안해. 네가 그렇게 느꼈을 거라고는 생각하지 못했어."와 같이 먼저 상대방의 감정에 공감하는 모습을 보여 주세요. 그리고 상대방이 조금 진정된 후에 "~하려는 의도는 아니었지만, 결과적으로 너에게 상처를 주게 되었네."와 같이 자신의 의도나 가치관을 차분하게 설명하는 것이 좋습니다. 이렇게 하면 상대방도 당신의 진심을 더 잘 이해할 수 있을 겁니다.
- **자기 비난 대신 상황 개선에 집중하는 태도를 보여주세요.**
  과도한 자책보다는 앞으로 어떻게 개선할지, 관계 회복을 위해 어떤 노력을 할지에 집중하는 것이 중요합니다. "이번 일을 통해 ~하는 법을 배웠어. 앞으로는 더욱 주의할게."와 같이 구체적인 행동 계획을 제시하는 것도 좋은 방법입니다. 마치 "넘어진 돌멩이를 치우고, 다시 힘차게 걸어갈 거야!"라고 다짐하는 것처럼, 과거에 매몰되지 않고 미래를 향해 나아가는 것이 중요합니다.
- **자신의 감정을 존중해 주세요.**
  사과를 하는 과정에서 자신의 감정도 존중해야 합니다. 불필요한 죄책감에 휩싸이지 않도록 주의하고, 상대방의 감정뿐만 아니라 자신의 감정도 솔직하게 표현해 보세요. 마치 "넘어져서 아프지만, 괜찮아질 거야."라고 스스로를 다독이는 것처럼, 자신의 감정을 인정하고 위로하는 것이 중요합니다.

- **부당하다고 판단될 때는 적절하게 선을 그어주세요.**

  상대방의 잘못을 지적하거나, 부당한 요구를 거절하는 등 자신의 권리를 지키는 것은 자존감을 지키는 데 중요합니다. "네가 ~해서 나도 많이 속상했어."와 같이 솔직하게 자신의 감정을 표현하고, 상대방의 행동에 대한 피드백을 제공할 수도 있습니다. 마치 "넘어지게 한 돌멩이를 다시는 만나지 않도록 조심해야지!"라고 생각하는 것처럼, 자신을 보호하고 존중하는 것이 중요합니다.

- **내가 진짜 사과해야 할 부분을 판단하여 사과하세요.**

  모든 것을 자신의 탓으로 돌리기보다는, 내가 진짜 잘못한 부분이 무엇인지 구체적으로 파악하고 그 부분에 대해 진심으로 사과하는 것이 더 효과적입니다. 팀 프로젝트가 실패했을 때, "프로젝트 진행 과정에서 내가 의견 조율을 제대로 하지 못했던 점은 잘못했다고 생각해. 그 점은 내가 미안해."와 같이 구체적으로 자신의 잘못을 인정하고 사과하는 것이 더 현명합니다.

자존감을 지키는 사과는 나를 사랑하는 방법이에요. 당당하게 사과하세요. 당신은 소중하니까요.

'사과'에 대한 이모저모

칼 로저스의 인본주의 심리학: 인간은 누구나 자기 가치감을 가지고 태어나며, 긍정적인 방향으로 성장하려는 욕구를 지니고 있다는 이론입니다. 자존감을 낮추는 사과는 이러한 자기 가치감을 훼손할 수 있으므로, 자신의 존엄성을 지키면서 사과하는 것이 중요합니다. (출처: Rogers, C. R. (1951). Client-centered therapy: Its current practice, implications, and theory. Houghton Mifflin.)

3

늦은 사과일지라도,
진심을 전해보세요

　혹시 마음속에 오랫동안 품고 있는 사과가 있나요? 제때 하지 못한 사과가 자꾸만 생각나고, 마음 한구석을 묵직하게 누르는 경험, 누구나 한 번쯤은 있을 것입니다. "그때 그 말을 하지 말았어야 했는데…", "진작 사과했으면 좋았을 텐데…" 하는 후회와 미련이 마치 꼬리표처럼 따라다니는 것이죠. 특히 계속 마주쳐야 하는 사람에게 제때 사과하지 못했다면, 더욱 신경 쓰이고 마음이 불편할 수 있습니다.

　하지만 늦었다고 생각할 때가 가장 빠른 법입니다. 사과 용기만 있다면 지금이라도 진심을 전해보는 것은 어떨까요? 마치 오랜 시간 바닷속에 잠겨 있던 보물을 찾아내는 것처럼, 늦은 사과는 소중한 관계를 되찾고 마음의 짐을 널어낼 수 있는 기회입니다.

늦은 사과, 왜 어려울까요?
늦은 사과가 어려운 이유는 여러 가지가 있습니다.

● **상대방의 반응이 두렵습니다.**
　시간이 흐른 만큼 상대방의 마음도 식어버렸을지 모른다는 생각에 사과를 망설이게 됩니다. "이제 와서 사과한다고 뭐가 달라지겠어?"라는 냉담한 반응을 들을까 봐 두렵습니다.

- **자존심이 상합니다.**

  이미 시간이 많이 흘렀는데 이제 와서 사과하는 것이 자존심이 상하고 부끄럽게 느껴질 수도 있습니다.

- **용기가 나지 않습니다.**

  상대방에게 다시 연락을 하고, 과거의 잘못을 꺼내어 사과하는 것은 상당한 용기를 필요로 합니다. "괜히 긁어 부스럼 만드는 것은 아닐까?" 하는 걱정에 사로잡히기도 합니다.

하지만 늦은 사과일지라도, 진심을 담아 전한다면 상대방의 마음에 닿을 수 있습니다. 진정한 사과는 갈등으로 인해 소원해진 관계를 회복시키는 데 중요한 역할을 합니다.

진정성 있는 늦은 사과, 어떻게 해야 할까요?

- **상황을 설명하세요.**

  왜 그동안 사과하지 못했는지, 어떤 마음이었는지 솔직하게 이야기해 보세요. "그동안 너에게 연락할 용기가 나지 않았어. 내 잘못을 인정하고 싶지 않았던 것 같아."와 같이 솔직하게 털어놓는 것이 중요합니다.

- **진심을 전달하세요.**

  단순히 "미안해."라는 말을 반복하기보다는, 구체적으로 어떤 점이 미안한지, 어떤 마음인지 진솔하게 표현해 보세요. "네가 얼마나 상처 받았을지 생각하니 마음이 너무 아파. 진심으로 미안해."와 같이 상대방의 마음을 헤아리는 말을 전하는 것이 좋습니다.

- **변명은 피하세요.**

  늦은 사과일수록 변명은 독이 될 수 있습니다. 자신의 잘못을 인정하고 책임 지는 모습을 보여주세요.

- **관계 회복을 위한 노력을 보여주세요.**

  "앞으로 어떻게 하면 좋을지 함께 이야기해 볼 수 있을까?"와 같이 관계 개선 을 위해 적극적으로 노력하는 모습을 보여주는 것이 중요합니다.

늦은 사과일수록, 진정성을 담아 전달하는 것이 중요합니다. 늦은 사과는 단순히 과거의 잘못을 만회하는 것을 넘어, 자기 성찰과 성장의 기회가 될 수 있습니다. 또한, 진정한 용서와 화해를 통해 관계를 회복하고 더욱 깊어 진 유대감을 형성할 수 있습니다.

용기를 내세요, 아직 늦지 않았습니다.

늦은 사과에는 용기가 필요합니다. 하지만 결코 늦지 않았습니다. 마치 오랜 시간 바닷속에 잠겨 있던 보물을 찾아내는 것처럼 늦은 사과는 소중한 관계를 되찾고 마음의 짐을 덜어낼 수 있는 기회입니다.

이미 너무 오랜 시간이 지나 그때의 일들이 흐릿해졌을지도 모릅니다. 어 쩌면 그때의 일은 기억나지 않아도 그때의 사람은 기억날 것입니다. 늦은 사과는 왜 사과가 늦었는지가 더 중요할 수도 있습니다. 그때 그 일을 다시 꺼내어 잘잘못을 따지는 것보다는 "그때 진작에 말하지 못해서 미안해."라 는 마음을 전하는 것이 더 중요합니다.

늦은 사과, 과거를 바꿀 수는 없지만 관계를 바꿀 수 있어요. 지금이라도 사과 용기를 내어 진심을 전해보세요. 당신의 진심은 분명 상대방에게 닿을 것입니다.

4

'사과'와 '해명',
그 차이를 제대로 알고 있나요?

"미안해."와 "사실은…" 혹시 이 두 가지 말을 습관처럼 함께 사용하고 있지는 않나요? "미안해, 하지만 사실은 내 의도가 그게 아니었어."와 같이 말이죠. 우리는 종종 사과를 하면서 자신의 행동을 정당화하려는 경향이 있습니다. 하지만 이는 진정한 사과일까요? 아니면 단순한 해명일까요?

사과와 해명은 언뜻 비슷해 보이지만, 그 안에 담긴 의미는 전혀 다릅니다.

사과는 자신의 잘못을 인정하고 책임을 지는 것이지만 해명은 자신의 행동에 대한 이유나 변명을 제시하며 상황을 설명하려는 것입니다. 사과는 상대방의 마음을 헤아리고 관계 회복을 위해 노력하는 것이지만, 해명은 자신의 입장만을 강조하고 상황을 모면하려는 것처럼 보일 수 있습니다. 마치 따뜻한 손길로 상처를 어루만지는 것과 차가운 붕대로 감싸는 것의 차이와 같습니다.

"미안해." vs "사실은…", 그 미묘한 차이

사과와 해명의 차이를 제대로 알고 있나요?
- **사과:** "내가 너의 말을 주의 깊게 듣지 않고 무시해서 미안해."와 같이 자신의 잘못을 인정하고 상대방에게 용서를 구하는 것입니다. 마치 "내가 길을 잃었

어. 도와줘."라고 솔직하게 도움을 청하는 것과 같습니다.

- **해명**: "사실 나는 업무 때문에 너무 바빠서 너의 말에 집중할 수 없었어."와 같이 자신의 행동에 대한 이유나 변명을 제시하는 것입니다. 마치 "길을 잃은 것은 맞지만, 지도를 볼 시간이 없었어."라고 말하며 책임을 회피하려는 것과 같습니다.

사과는 상대방에게 집중하는 것이고, 해명은 자신에게 집중하는 것입니다. 사과는 관계 회복을 위한 진솔한 노력이지만, 해명은 자기 방어적인 태도로 보일 수 있습니다.

진짜 사과는 가면을 쓰지 않아요.

진정한 사과는 변명이나 해명 없이 순수한 마음으로 상대방에게 다가가는 것입니다. 마치 가면을 벗고 자신의 진짜 모습을 보여주는 것처럼, 솔직하고 진실된 마음을 담아 사과해야 합니다.

진실된 사과는 마음을 움직입니다.

진실된 사과는 상대방의 마음을 움직이고 관계를 회복하는 강력한 힘을 가지고 있습니다. 하지만 가짜 사과는 오히려 독이 될 수 있습니다. 상대방은 당신의 진심 없는 사과에 실망하고, 더 큰 상처를 받을 수도 있습니다. 마치 상처에 바르는 약이 아닌 독을 바르는 것과 같습니다.

사과와 해명 사이에서 고민하고 있다면, 스스로에게 질문해 보세요. "나는 정말 내 잘못을 인정하고 있는가?", "상대방의 마음을 진심으로 헤아리고 있는가?", "관계 회복을 위해 노력할 준비가 되어 있는가?" 만약 이 질문들에 "예."라고 답할 수 있다면, 자신 있게 사과하세요. 당신의 진심은 분명 상대방에게 전달될 것입니다.

해명은 마음의 문을 닫지만, 진정한 사과는 마음과 마음을 잇는 열쇠가 됩니다.

5

사과를 받는 것도
기술이 필요해요

사과를 받는 것은 선물을 받는 것과 같습니다. 마음에 쏙 드는 선물을 받으면 기분이 좋지만, 별로 마음에 들지 않는 선물을 받으면 난감하죠. 사과도 마찬가지입니다. 진심으로 느껴지는 사과는 고맙게 받아들이지만, 그렇지 않은 사과는 오히려 마음을 불편하게 만들 수 있습니다.

"받아줘야 하나, 말아야 하나?" 고민될 때

사과를 받아주는 것은 상대방에게 새로운 기회를 주는 것이지만, 나의 마음과 감정을 희생하면서까지 받아줄 필요는 없습니다. 진심 없는 사과는 오히려 나를 더 힘들게 할 수 있습니다. 사과를 받아들이기 전, 그것이 나에게 진정으로 도움이 될지 냉정하게 판단해야 합니다.

내 마음을 지키기 위해 거절해도 괜찮습니다. 진심이 느껴지지 않는 사과는 깔끔하게 거절해도 됩니다. "됐어, 괜찮아."라고 억지로 웃어넘기는 것보다, "네 사과는 받지만, 아직 마음이 풀리진 않았어."라고 솔직하게 말하는 것이 낫습니다. 괜히 쿨한 척하며 속앓이를 하지 말고, 내 감정에 솔직하게 마주하는 것이 중요합니다.

사과를 받아들이는 것도 기술입니다. 습관처럼 사과하는 사람, 변명으로 가득 찬 사과, 억지로 쥐어짜낸 듯한 사과… 이런 사과를 받아주는 것은 내 마음에 또 다른 상처를 남길 뿐입니다.

사과, 받아들이는 요령: 내 마음이 움직이는 대로

- **당연한 사과:** 별것 아닌 실수에 대한 사과, 예의상 하는 사과라면 쿨하게 넘어가세요. 괜히 쪼잔하게 굴 필요 없습니다. "괜찮아, 신경 쓰지 마." 한 마디면 충분합니다.
- **기다렸던 사과:** 오랫동안 기다려온 사과라면? 쉽게 넘어가지 말고 곱씹어 보세요. 상대의 말과 행동에서 진심이 느껴지는가? 변화하려는 의지가 보이는가? 그렇다면, 사과를 받아들이고 관계 회복의 발판으로 삼을 수 있습니다. 하지만 여전히 찜찜하다면, 시간을 갖고 더 지켜보는 것도 방법입니다.
- **예상 못한 사과:** 갑작스러운 사과에 당황스러울 수 있습니다. 하지만 너무 경계하거나 의심하지 마세요. 상대방도 용기를 내어 사과한 것일 수 있습니다. 잠시 숨을 고르고, 상대의 진심을 느껴보세요.
- **형식적인 사과:** 상대의 사과가 의례적이거나 진심이 느껴지지 않는다면, 굳이 받아줄 필요는 없습니다. 오히려 받아주는 것이 나에게 더 큰 상처를 줄 수 있습니다. "고맙지만, 아직은 마음의 준비가 안 됐어."라고 솔직하게 말하는 것도 괜찮습니다.

진심을 알아보는 순간, 관계 회복의 시작

사과를 받아들이는 것은 나 자신을 위한 선택이기도 합니다. 용서와 화해를 통해 마음의 짐을 덜고 새로운 시작을 할 수 있는 기회를 얻는 것입니다. 하지만 그 선택은 신중해야 합니다. 나의 감정과 상황을 고려하여, 현명한 결정을 내려야 합니다.

말뿐인 사과인지, 진심으로 반성하는 사과인지 판단하는 것은 쉽지 않습니다. 하지만 때로는 말보다 더 강력한 진심의 언어가 있습니다. 마음의 문이 열리는 신호, 그 미묘한 순간들을 놓치지 말아야 합니다.

진심을 알아보는 강력한 언어를 확인하세요.

- **눈빛**: 상대방의 눈빛은 어떤가요? 회피하거나 불안한 기색 없이, 당신의 눈을 똑바로 바라보며 진심을 전하려 하는 눈빛인가요? 때로는 말 한마디 없이, 눈빛만으로도 충분히 진심을 느낄 수 있습니다.
- **숨**: 상대방의 호흡은 어떤가요? 깊게 들이쉬는 숨, 혹은 떨리는 한숨은 상대방이 마음의 준비를 하고 있음을 알려주는 신호일 수 있습니다.
- **말**: 때로는 상대방이 먼저 조심스럽게 꺼내는 말 속에, 당신의 용서를 기다리는 마음이 숨겨져 있을 수도 있습니다. "혹시 아직도 내가 ~한 것 때문에 화가 났니?"와 같이 조심스럽게 당신의 마음을 살피는 말은, 그들이 진심으로 관계 회복을 바라고 있다는 것을 보여줍니다.
- **분위기**: 냉랭했던 공기가 조금씩 풀리고, 어색했던 침묵이 편안함으로 바뀌는 순간, 그때가 바로 진심을 확인할 수 있는 최적의 순간입니다. 마치 봄바람이 불어오듯, 따뜻하고 부드러운 분위기는 상대방의 마음이 열렸음을 느끼게 해 줍니다.
- **나의 마음**: 사과를 받을 생각이 없었는데, 상대방의 말과 행동에서 진심이 느껴진다면, 그것 역시 사과를 받아들일 타이밍입니다. "아니, 저 사람이 저렇게까지 말할 줄이야…" 하는 놀라움과 함께 뭉클함을 느낄 수도 있습니다.
- **행동의 변화**: 상대방이 변화를 위해 노력하는 모습, 예를 들어 잘못된 행동을 고치려고 노력하거나, 피해를 복구하기 위해 노력하는 모습을 보인다면, 그들의 사과는 진심일 가능성이 높습니다.

사과를 받아들이는 것은 오로지 나의 몫이에요. 나의 마음이 움직이는 대로, 진심을 알아보고 현명한 선택을 하세요.

'사과'에 대한 이모저모

인지적 평가 이론: 리처드 라자루스(Richard Lazarus)가 제시한 이론으로, 사람들은 상황을 인지적으로 평가하여 감정을 경험합니다. 사과를 받아들일지 결정하는 과정에서도 인지적 평가가 작용하며, 상대방의 진정성, 상황의 심각성, 관계의 중요도 등을 평가하여 사과를 수용할지 결정합니다. (참고: Lazarus, R. S. (1991). Emotion and adaptation. Oxford University Press.)

10장

관계의 맛을 더하는
다양한 사과

1

사과의 맛은
상황에 따라 달라야 해요

친구의 결혼식, 그리고 잊지 못할 사과.

친구의 결혼식에서 축가를 부르기로 했는데, 긴장한 나머지 가사를 완전히 잊어버렸습니다. 결혼식 분위기를 망쳐버린 것 같아 죄송한 마음에 친구에게 바로 달려가 "미안해, 내가 너무 긴장해서…"라고 말했습니다. 하지만 친구는 오히려 "괜찮아, 네가 와준 것만으로도 고마워."라며 저를 위로해 주었습니다.

직장 상사의 질책, 그리고 어색한 사과.

중요한 프로젝트 발표에서 큰 실수를 저질렀습니다. 상사에게 불려가 혼이 났고, 저는 "죄송합니다, 다음부터는 더 신경 쓰겠습니다."라고 사과했습니다. 하지만 상사는 "말로만 하지 말고, 행동으로 보여주세요."라며 냉담하게 말했습니다.

사과, 누구에게나 똑같은 방식으로 통할까요? 아닙니다. 사람마다 성격, 가치관, 그리고 상황에 대한 인식이 다르기 때문에, 똑같은 사과라도 받아들이는 방식은 천차만별입니다. 마치 똑같은 재료라도 요리사에 따라 다른 맛을 내는 것처럼, 사과도 상황과 관계에 따라 맞춤형으로 전달되어야 합니다. 커스터마이징 없는 사과는 오히려 역효과를 낼 수 있습니다.

왜 관계와 상황에 맞는 사과가 중요할까요?

앞의 두 가지 사례처럼, 똑같은 "미안해."라는 말이라도 상황과 관계에 따라 다르게 받아들여질 수 있습니다. 친구는 실수를 이해하고 위로해 주었지만, 상사는 내 사과에 진정성을 느끼지 못한 것 같습니다.

사과는 단순히 "미안해."라는 말을 전달하는 것이 아닙니다. 상대방의 마음을 헤아리고, 진심으로 용서를 구하는 것입니다. 따라서 상대방과의 관계, 상황의 맥락, 그리고 상대방의 성향을 고려하여 적절한 사과 방식을 선택해야 합니다.

상황별 맞춤 사과 전략

- **공개적인 실수, 공개적인 사과**
  혹시 실수로 여러 사람 앞에서 누군가를 망신 줬다면, 개인적인 사과보다는 오히려 공개적인 자리에서 진심을 담아 사과하는 것이 더 효과적일 수 있습니다.
- **'괜찮다.'는 말 뒤에 숨은 진심**
  겉으로는 괜찮다고 하지만, 속마음은 다를 수 있습니다. "괜찮다."라는 말에 안심하지 말고, 진심 어린 사과와 함께 "다음부터는 꼭 미리 연락할게."와 같은 구체적인 약속을 하는 것이 좋습니다.
- **피하거나 대화를 차단하는 경우**
  섣불리 다가가기보다는 시간을 두고 기다리거나, 손편지나 메시지 등 다른 방식으로 진심을 전달하는 방법을 고려해 보세요.
- **냉담한 반응에도 꾸준함을 잃지 말 것**
  꾸준한 노력과 진심 어린 행동으로 마음을 녹여야 합니다. 진심은 결국 통하기 마련입니다.

- **논리적인 사람에게는 논리적으로**

  감정에 호소하기보다는 상황을 객관적으로 설명하고 자신의 잘못을 명확하게 인정하는 것이 중요합니다. "내가 이 부분을 간과해서 이런 문제가 발생했어. 다음부터는 이런 점을 꼭 확인할게."와 같이 구체적인 해결 방안을 제시하는 것도 도움이 됩니다.

- **감정적인 사람에게는 감정으로**

  진심으로 미안한 마음을 표현하고, 상대방의 감정에 공감하는 모습을 보여주는 것이 중요합니다. "내 행동 때문에 많이 속상했겠다. 네 마음 충분히 이해해."와 같이 상대방의 감정을 헤아리는 말을 덧붙이는 것이 좋습니다.

획일적인 사과는 독이 될 수 있어요. 상대방의 마음을 읽고 진심을 전할 때, 관계의 맛은 더 풍부해질 것입니다.

2

여자와 남자의 사과는
다른 언어예요

"자기야, 내가 다 잘못했어. 내가 왜 그랬을까? 너 진짜 많이 서운했지? 내가 너무 미안해." 남자는 여자 친구에게 폭풍처럼 쏟아지는 사과 폭탄을 던졌습니다. 하지만 여자 친구의 반응은 냉담했습니다. "됐어, 이제 와서 그런 말 해봤자 무슨 소용이야?" 남자는 억울했습니다. 분명히 사과했는데, 왜 여자 친구는 화가 풀리지 않는 걸까요?

여자의 사과는 섬세한 감정 표현, 남자는 문제 해결에 집중

여자의 사과는 섬세한 감정 표현이 중요합니다. 마치 한 편의 드라마처럼, 눈물을 글썽이며 자신의 잘못을 낱낱이 고백하고 상대방의 감정을 어루만지며 공감을 표현합니다. "내가 너무 심했어. 네가 얼마나 속상했을지 생각하면 마음이 너무 아파."와 같이 격렬한 감성을 쏟아내는 듯한 사과를 하기도 합니다.

하지만 그녀에게 사과는 단순한 '잘못 인정'이 아닙니다. 관계 회복을 위한 섬세한 춤이며, 상대방의 마음을 여는 마법의 주문이죠. 남자들은 이런 여자들의 마음을 이해하지 못합니다.

"이미 사과했는데 왜 자꾸 과거를 들추는 거야?"라고 생각하며 답답해합니다. 하지만 여자들은 단순히 사과를 받는 것만으로는 충분하지 않습니다.

자신의 감정을 이해받고 공감받기를 원하는 것이죠.

반면 남자의 사과는 군더더기 없이 깔끔합니다. "미안해.", "내가 실수했어."라는 짧은 문장 속에 모든 것이 담겨 있죠. 때로는 너무 간결해서 진심이 느껴지지 않을 때도 있지만, 그에게 사과는 문제 해결을 위한 첫걸음입니다.

감정에 휩쓸리기보다는 이성적으로 상황을 분석하고, "내가 뭘 해주면 좋을까?"와 같이 행동으로 보여주려는 경향이 있습니다.

남자의 사과, 여자의 사과, 사용 설명서

- **남자의 사과**
  - **문제 해결 중심적:** "내가 잘못했어, 이제 괜찮지?"
  - **간결하고 직접적:** "미안해.", "내가 실수했어."
  - **행동으로 보여주려는 경향:** "내가 뭘 해주면 좋을까?"
- **여자의 사과**
  - **공감과 위로 중심적:** "네가 얼마나 힘들었을지 상상도 안 돼."
  - **구체적이고 감정적인 표현:** "내가 그 말을 해서 너를 얼마나 속상하게 했을까?"
  - **대화를 통한 관계 회복:** "우리 이 문제에 대해 좀 더 이야기해 볼 수 있을까?"

서로의 사과 방식을 이해하고 존중하기

남자들은 여자들의 감정에 공감하고 위로하는 표현을 잊지 말아야 합니다. "내가 그렇게 말해서 네가 많이 속상했겠다. 내 생각이 짧았어."처럼 그녀의 마음을 헤아리는 말을 덧붙이는 것이죠.

여자들은 남자들의 문제 해결 중심적인 사과 방식을 이해하고 긍정적인 반응을 보여주는 것이 좋습니다. "응, 네가 그렇게 말해주니 이제 좀 괜찮아진 것 같아."와 같이 그의 진심을 받아들이는 모습을 보여주는 것이죠.

여자와 남자의 사과는 서로의 언어를 이해하는 것부터 시작해야 해요. 적절한 방식으로 소통할 때 비로소 진정한 사과가 이루어질 수 있습니다.

'사과'에 대한 이모저모

젠더 커뮤니케이션: 성별에 따른 의사소통 차이를 연구하는 분야입니다. 남녀는 사회화 과정에서 서로 다른 의사소통 규범을 학습하며, 이는 사과 방식에도 영향을 미칩니다. 여성은 공감과 감정 표현을 중시하는 반면, 남성은 문제 해결과 효율성을 중시하는 경향을 보입니다. 따라서 남성은 여성의 감정에 공감하는 표현을 잊지 말아야 하고, 여성은 남성의 문제 해결 중심적인 사과 방식을 이해하는 것이 중요합니다.

3

리더라면 실수를 덮지 말고
책임지세요

　리더는 사과할 줄 모르는 사람일까요? "리더는 사과할 줄 모른다." 씁쓸하지만, 어느 정도 현실을 반영하는 말입니다. 실제로 직장인 대다수가 상사에게 진심 어린 사과를 받아본 적이 없다고 답했다고 합니다.

　리더의 '사과 부재'는 우리 사회에 만연한 슬픈 현실일지도 모릅니다. "사과? 그거 내 밑에 애들이나 하는 거 아닌가?" 회의실 한구석에서 들려오는 혼잣말처럼 어떤 리더들에게 '사과'는 무능함의 상징이자 권위에 금이 가는 치명적인 독으로 여겨지기도 합니다.

　하지만 생각해 보면, 리더도 사람입니다.

　직장 문을 나서는 순간, 직장 밖에서는 평범한 개인일 뿐입니다. 직장에서의 권한은 '일'에 한정되어 있다는 사실을 잊어서는 안 됩니다. 리더의 어깨는 무겁습니다.

　회사의 미래, 팀원들의 생계, 모두 그의 어깨에 얹혀 있죠. 앞만 보고 달려가기도 벅찬데, 자신의 말과 행동을 일일이 돌아볼 여유가 있을까요? 때로는 그의 날카로운 지적이 누군가에게 상처가 될 수도 있습니다.

　하지만 그건 악의가 아닙니다. 그저 조직을 위해 모두를 위해 내뱉는 '필요악'일 뿐입니다.

"사과? 그런 걸 왜 해?" 리더는 생각합니다. 하지만 팀원들은 속으로 생각합니다. "리더니까, 더 큰 책임감을 가져야 하는 거 아닌가?", "실수를 인정하고 사과하는 모습을 보여주는 게 진정한 리더 아닌가?" 하지만 돌아오는 건 싸늘한 침묵뿐. '사과'라는 단어는 리더의 사전에는 존재하지 않는 듯합니다.

리더의 사과, 왜 중요할까요?

의도가 어떻든 간에 결과적으로 팀원에게 상처를 주었다면 리더는 마땅히 사과해야 합니다. 그것이 개인적인 감정 때문이든, 조직의 목표 달성을 위한 불가피한 선택이었든 '공적인 영역'에서 발생한 문제는 '공적인 책임'을 동반합니다.

사과 없는 리더는, 결국 빛바랜 카리스마만 남을 뿐입니다. 팀원들은 그의 능력은 인정하지만 그의 차가운 태도에 마음의 문을 닫습니다. 소통은 단절되고 조직은 활력을 잃습니다. 리더의 '침묵'은, 결국 조직 전체를 병들게 하는 독이 됩니다.

리더의 사과 사용 설명서

리더의 사과는 단순히 "미안하다."라는 말로 끝나서는 안 됩니다. 진정한 리더의 사과는, 때로는 팀원들이 기대하는 것과는 조금 다를 수 있습니다.

- **용기 있게 인정하세요.**

  리더도 실수할 수 있다는 것을 인정하는 용기, 그것이 사과의 시작입니다. 자신의 부족함을 드러내는 것은 쉽지 않지만 진정한 리더는 실수를 덮으려 하기보다 솔직하게 인정하고 다음을 기약합니다.

- **깔끔하게 책임지는 모습을 보여주세요.**

  "내가 리더인데 이 정도는 할 수 있지."와 같이 자신의 권위로 잘못을 무마하려는 태도는 금물입니다. 책임질 일은 책임지려는 모습을 보여주는 것이 진정한 리더의 사과입니다. "내가 이 부분을 제대로 확인하지 못해서 이런 문제가 발생했어. 내 책임이 크다."와 같이 명확하게 책임을 인정하는 것이 중요합니다.

- **먼저 다가가 주세요.**
  팀원들이 불편해 보이거나 대화를 어려워한다면, 리더는 먼저 다가가야 합니다. "혹시 내가 지난번 프로젝트에 대해 이야기할 때, 자네 의견을 충분히 고려하지 못했던 것 같아. 그 부분에 대해 좀 더 이야기해 볼 수 있을까?"와 같이 팀원들의 마음을 여는 적극적인 소통이 필요합니다.

- **팀원들의 노력도 필요해요.**
  팀원들 역시 리더의 상황을 이해해야 합니다. 리더가 모든 것을 완벽하게 처리할 수는 없으며 때로는 어려운 결정을 내려야 할 수도 있습니다. 리더가 구구절절하게 사과하지 않더라도, "미안하다."는 말을 꺼낸 용기에 마음을 열고, 함께 문제 해결을 위해 노력하는 자세가 필요합니다.

리더의 사과는 리더십을 완성하는 강력한 무기가 될 수 있어요. 그 자체로 '용기'이며 '존경'입니다.

'사과'에 대한 이모저모

변혁적 리더십 이론: 리더가 추종자들에게 비전을 제시하고, 동기를 부여하며, 잠재력을 개발하도록 격려하고, 개별적인 배려를 제공함으로써 추종자들이 리더, 집단, 조직의 이익을 위해 자기 이익을 초월하도록 고무시키는 리더십 유형입니다. 리더의 사과는 팀원들에게 긍정적인 영향을 미치고, 리더십을 강화하는 데 도움을 줄 수 있습니다.

존경받고 싶은 리더라면 4가지를 알아야 합니다.

1. 리더는 팀원보다 공감 능력이 부족할 수 있습니다. 그렇기에 더욱 노력해야 합니다.

높은 직책에 오를수록 타인의 감정을 이해하는 능력은 약해지는 경향이 있습니다. 심리학자 대처 켈트너(Dacher Keltner)는 그의 저서 『The Power Paradox』에서 권력이 '사회적 인지 능력'을 약화시킨다고 설명합니다. 즉, 리더의 자리에 있는 사람일수록 팀원들의 감정을 읽고 공감하는 데 어려움을 느낄 수 있다는 것입니다.

하지만 팀원들의 감정에 공감하지 못하는 리더는 신뢰를 잃고 조직의 화합을 저해할 수 있습니다. 존경받는 리더가 되고 싶다면 팀원들의 마음에 귀 기울이고,

그들의 입장에서 생각하려는 노력을 끊임없이 기울여야 합니다.

2. 리더의 부족함을 인정하는 모습이 팀원들의 마음을 엽니다.

리더는 팀의 방향을 설정하고 목표를 향해 나아가도록 이끄는 중요한 역할을 수행합니다. 이 과정에서 리더는 항상 완벽한 모습을 보여야 한다는 압박감을 느낄 수 있습니다. 하지만 완벽함을 가장한 리더는 오히려 팀원들에게 거리감을 느끼게 하고, 진솔한 소통을 방해할 수 있습니다.

팀원들이 진정으로 원하는 것은 완벽한 리더가 아니라, 자신의 부족함을 인정하고 솔직하게 소통하는 리더입니다. 실수를 인정하고, 팀원들의 의견에 귀 기울이며, 함께 성장해 나가는 리더의 모습은 팀원들에게 깊은 신뢰감을 심어줍니다. 이러한 신뢰는 팀워크 향상, 생산성 증가, 그리고 긍정적인 조직 문화 형성에 큰 영향을 미칩니다.

3. 사과는 어쩌면 팀원들이 가장 기다리는 말일지도 모릅니다.

2023년 한국에서 실시된 직장 내 괴롭힘 관련 설문조사에 따르면, 응답자의 약 68.7%가 상사로부터 사과나 문제 해결 노력을 제대로 받지 못했다고 답했습니다. 사과를 받지 못한 직원들은 "존중받지 못한다.", "내 의견이 무시되었다."라는 느낌을 받았고, 이는 좌절, 불안, 분노 등의 심리적 고통으로 이어졌습니다. 심각한 경우 직장을 떠나기도 했습니다.

고용노동부 통계에 따르면 직장 내 괴롭힘 신고가 급증하고 있으며, 이는 리더의 진정성 있는 사과와 책임감 있는 태도가 조직의 건강에 필수적임을 보여줍니다. 리더의 사과는 단순히 '미안하다.'는 말을 넘어, 용기와 겸손, 그리고 책임감의 표현입니다. 자신의 실수를 인정하고, 그에 따른 책임을 질 줄 아는 리더야말로 진정한 리더입니다. 리더의 사과는 조직 문화를 바꾸는 힘을 지니고 있으며, 심리적 안전감을 조성하고, 신뢰를 구축하며, 조직의 성장과 발전을 위한 밑거름이 됩니다.

혹시 내 사과를 기다리는 구성원이나 팀원이 있다면, 지금이라도 용기를 내어 진심을 전해보세요.

4. 힘과 직책은 존경의 '자격'이 아닙니다.

진정한 존경은 리더의 '행동'에서 나옵니다. 힘과 직책을 어떻게 사용하는지, 어떤 리더십을 보여주는지, 그리고 구성원들과 어떻게 소통하는지에 따라 존경받는 리더가 될 수도, 그저 힘만 가진 '권력자'로 남을 수도 있습니다. 리더의 자리에 있다면 끊임없이 자신을 돌아보고, 구성원들에게 진심으로 다가가 솔직하게 소통하며, 무엇보다 '사람'을 먼저 생각하는 리더가 되어야 합니다. 힘과 직책은 존경을 얻기 위한 '기회'를 제공할 뿐이며, 그 기회를 어떻게 활용하여 진정한 리더로 거듭날지는 전적으로 리더 자신에게 달려 있습니다.

사과는 나약함이 아닌, 용기와 힘의 상징입니다.
지금 바로 사과하세요. 당신의 진심은 팀원들에게 존경과 신뢰로 돌아올 것입니다.

참고자료

• Keltner, D. (2016). The power paradox: How we gain and lose influence. Penguin Books.

• Brooks, A. W., Dai, H., & Schweitzer, M. E. (2014). I'm sorry, I won't apologize: How much should leaders apologize?. Harvard Business Review.

• 2023년 한국 직장 내 괴롭힘 조사

• 2023년 고용노동부 통계

4

아이와 어른의 사과,
나이에 맞는 사과법이 있을까요?

"어른이 되면 사과할 일이 없어지는 줄 알았어." 퇴근길, 지하철 좌석에 앉아 멍하니 창밖을 바라보던 김 대리는 혼잣말을 중얼거렸습니다. 아이에게 "친구와 싸웠으면 먼저 사과해야지."라고 훈계했던 아침의 자신이 떠올랐습니다.

하지만 정작 자신은, 오늘 아침 부장에게 받은 꾸지람에 억울함만 곱씹고 있었죠. 어른이라고 사과를 안 해도 되는 건 아닌데, 왜 우리는 아이들에게만 사과를 강요하는 걸까요? 혹시 어른들의 사과는 아이들의 사과보다 더 무겁고 어려운 걸까요?

어른의 사과, 더 무거운 짐일까요?

아이들은 사과를 통해 세상을 배웁니다. 자신의 잘못을 인정하고, 상대방의 마음을 헤아리는 법을 깨닫죠. 하지만 어른들은 어떨까요? '미안하다.'는 말 한마디가 자존심을 깎아먹는 듯 느껴지고, "내가 뭘 그렇게 잘못했나?"라는 변명이 먼저 튀어나오기도 합니다.

어른이라고 사과를 쉽게 하는 건 아닙니다. 오히려 더 어려울지도 모릅니다. 어른의 사과는 더 큰 용기와 책임감을 요구하기 때문입니다. 자신의 부족함을 인정하고 때로는 체면을 구겨야 할 수도 있습니다. 아이에게는 "잘못했으면 사과해야지."라고 가르치면서 정작 자신은 "이 정도는 괜찮겠지.", "굳이 내가 먼저 사과해야 하나."라며 회피하기 쉽습니다. 어른들은 때로는 아이에게 이해를 구하거나, 상황을 얼버무리거나, 심지어 자신의 잘못을 외면하기도 합니다.

아이에게 상처를 준 어른, 먼저 손 내밀기

아이들은 어른들의 거울입니다. 부모가 쉽게 화를 내면 아이도 짜증을 부리고, 선생님이 칭찬에 인색하면 아이도 자신감을 잃습니다. 마찬가지로, 어른이 먼저 사과하는 모습을 보여주면 아이도 자연스럽게 사과하는 법을 배웁니다.

"아까 아빠가 너무 화냈지? 미안해. 아빠가 좀 더 참았어야 했는데…." 아이의 눈을 바라보며 진심을 담아 사과하는 아빠의 모습은, 아이에게 평생 잊지 못할 감동을 선사합니다. "선생님이 너희들에게 너무 엄하게 했던 것 같아. 미안해. 앞으로는 좀 더 친절하게 대해줄게." 선생님의 진심 어린 사과에, 아이들의 얼굴에는 환한 미소가 번집니다.

때로는 가볍게, "미안해."

어른도 아이도 완벽할 수는 없습니다. 하지만 우리가 싸운 아이들에게 "서로 화해하고, 먼저 사과하는 게 멋진 거야."라고 말하듯이, 어른들도 용기를 내어 먼저 손을 내밀어야 합니다. 때로는 아이처럼, "미안해."라는 말을 쉽게 꺼내는 것부터 시작해 보는 건 어떨까요?

다툰 아이들이 이른들의 성화에 떠밀려 마지못해 하는 사과처럼 때로는 가볍게 시작하는 것이 필요합니다. 진심을 담은 사과는 무겁지만, 그 시작은 가벼울 수 있습니다. "미안해."라는 작은 한마디가 닫힌 마음의 문을 열고, 얼어붙은 관계를 녹이는 따뜻한 햇살이 될 수 있습니다.

아이와 어른의 사과 사용 설명서

- **아이의 사과**

  솔직하게 "미안해."라고 말하고, 상대방의 기분을 풀어주려고 노력하는 모습을 보여주는 것이 중요합니다. 예를 들어, "내가 네 장난감을 망가뜨려서 미안해. 다음부터는 조심할게." 또는 "친구를 울려서 미안해. 내가 너무 심했어."와 같이 말하는 것이죠. 어른들은 아이의 서툰 사과에도 칭찬과 격려를 아끼지 말아야 합니다.

- **어른의 사과**

  아이에게 사과할 때는, 아이의 눈높이에 맞춰 이해하기 쉽게 설명하고, 진심으로 반성하는 모습을 보여주는 것이 중요합니다. 자신의 감정이나 상황을 솔직하게 이야기하며, 아이의 마음을 먼저 헤아리는 태도를 보여야 합니다. 예를 들어, "아빠가 오늘 너에게 소리를 질러서 정말 미안해. 아빠가 회사에서 일이 잘 안 풀려서 기분이 안 좋았지만, 그렇다고 너에게 화를 내는 것은 잘못된 행동이었어." 또는 "엄마가 네가 좋아하는 과자를 사주지 못해서 미안해. 엄마가 오늘 깜빡하고 지갑을 안 가져왔어. 다음에 꼭 사줄게."와 같이 말입니다.

어른의 사과는 아이에게 세상을 배우는 가장 큰 가르침이에요. 그 자체로 '사랑'입니다.

5

"미안해" 대신,
이렇게 전할 수도 있어요

지난 주말, 오랜만에 만난 친구들과의 약속에 늦어버렸습니다. 갑작스러운 야근에 핸드폰 배터리까지 방전되어 연락조차 할 수 없었죠. 잔뜩 화가 난 친구들의 모습에 나는 어쩔 줄 몰랐습니다. 다음 날, 친구들에게 각자 좋아하는 가수의 콘서트 영상 링크를 보냈습니다.

짧은 메시지와 함께 "어제 너무 미안했어. 이거 보면서 기분 풀어!" 놀랍게도 친구들은 금세 화를 풀고 즐거워했습니다. 진심 어린 사과와 센스 있는 선물에 감동한 것입니다.

어제 회의 중에 신제품 출시를 앞두고 아이디어 회의에서 박 대리와 이 과장은 약간의 언쟁을 벌였습니다. 팽팽한 긴장감이 감돌았고, 서로의 얼굴에는 불편한 기색이 역력했죠. 다음 날 아침, 박 대리와 이 과장의 책상 위에는 따끈따끈한 에그타르트가 놓여 있었습니다. 누가 봐도 화해의 제스처였습니다. 말 한마디 없었지만, 그 작은 행동은 어색했던 분위기를 부드럽게 녹여냈습니다.

꼭 말로 해야 사과인가요?

꼭 말로 표현해야만 사과가 되는 것은 아닙니다. 때로는 말보다 더 강력한 힘을 가진 '말 없는 사과'가 존재합니다. 특히, 말로 하는 사과를 부담스러워하거나 어려워하는 사람들에게는 더욱 그렇습니다. 진심을 담은 작은 행동

하나가 상대방의 마음을 움직이고, 관계 회복의 물꼬를 틀 수 있습니다.

때로는 다른 방법으로 사과를 표현할 수도 있습니다.

물론 직접 만나서 진심을 담아 "미안하다."라고 말하는 것이 가장 효과적인 사과 방법일 수 있습니다. 하지만 상황이나 관계에 따라 직접적인 사과기 어려울 때도 있죠. 예를 들어, 자존심이 강하거나 감성 표현에 서툰 사람에게는 직접적인 사과가 오히려 부담스럽게 느껴질 수 있습니다. 또한 물리적인 거리, 시간적 제약, 또는 상황적인 어려움으로 인해 직접 만나서 사과하기 힘든 경우도 있습니다.

이럴 때는 말 대신 행동으로써 진심을 전달하는 것이 좋은 방법이 될 수 있습니다. 손편지, 작은 선물, 함께하는 시간, 변화된 행동 등 다양한 방법을 통해 상대방에게 진심으로 미안한 마음을 표현할 수 있습니다.

진심을 전하는 다양한 방법들

- **손편지** 꾹꾹 눌러쓴 글씨에는 말로 표현하기 어려운 진심과 후회가 담겨 있습니다. 삐뚤빼뚤한 글씨체마저도 진솔함을 더해, 상대방의 마음을 움직일 수 있습니다.
- **작은 선물** 따뜻한 커피 한 잔, 좋아하는 간식, 작은 꽃다발… 상대방을 생각하며 고른 선물은 말보다 더 큰 위로와 감동을 줄 수 있습니다.
- **함께하는 시간** 함께 영화를 보거나, 산책을 하거나, 조용히 차를 마시는 시간은 말없이도 서로의 마음을 이해하고 공감할 수 있는 기회를 제공합니다.
- **변화된 행동** 말로는 쉽게 "미안해, 다시는 안 그럴게."라고 말할 수 있습니다. 하지만 진정한 사과는 변화된 행동으로 증명됩니다. 상대방을 배려하고 존중하는 태도, 그리고 같은 실수를 반복하지 않으려는 노력은 그 어떤 말보다 강력한 사과의 메시지가 됩니다.

AI 시대, 사과도 진화한다.

챗GPT에게 '센스 있는 사과 방법'을 물어보면, 상황과 관계에 따라 맞춤형 사과 방법을 제안해 줍니다. 심지어 손편지나 영상 제작을 위한 템플릿까지 제공한다고 하니, 놀랍죠? 기술의 발전은 사과 방식에도 새로운 가능성을 열어주고 있습니다. 하지만 잊지 말아야 할 것은 어떤 방식을 선택하든 진심이 가장 중요하다는 것입니다. AI가 아무리 멋진 사과 멘트를 만들어줘도, 진심이 담기지 않으면 그저 텅 빈 껍데기일 뿐입니다.

말 없는 사과, 때로는 말보다 더 큰 울림을 전합니다.

하지만 상황과 관계에 따라 신중하게 선택해야 합니다. 당신의 진심이 제대로 전달될 수 있도록, 상대방의 성격과 취향을 고려하는 센스를 발휘해야 합니다.

말이든 행동이든, 당신의 진심이 전해질 수 있다면, 그것이 바로 최고의 사과입니다. 진정한 사과는 상대방의 마음을 움직이는 것입니다.

11장

용서,
그 너머를 바라보다

1

용서를 바란다면
더 진심을 담아주세요

"미안해." 한 마디면 모든 게 해결될 거라 생각했나요? 물론 진심으로 전하는 "미안해." 한마디가 마법처럼 갈등을 녹이고 관계를 회복시켜줄 때도 있습니다. 하지만 항상 그런 것은 아니에요. 사과는 게임의 시작일 뿐, 끝이 아니라는 것을 기억해야 합니다.

상대방이 당신의 사과를 흔쾌히 받아줄 거란 보장은 어디에도 없죠. 최선을 다해 사과했는데도 상대방은 여전히 냉담할 수 있습니다. '내가 이렇게까지 했는데 왜?'라는 생각에 억울함과 분노가 치밀어 오를 수도 있어요. 하지만 냉정하게 현실을 직시해야 합니다.

용서는 당신이 아니라, 상대방의 선택이라는 것을요. 사과는 마법의 지팡이가 아니에요. 휘두른다고 해서 상대방의 마음이 뿅! 하고 바뀌는 건 아니니까요.

용서, 나의 몫이 아닌 너의 몫

긍정 심리학에서는 역경을 이겨내고 성장하는 힘을 '회복 탄력성'이라고 부릅니다. 용서는 이 회복 탄력성을 키워주는 중요한 발판이 될 수 있어요. 당신의 진심 어린 사과는 상대방의 마음에 스며들어 새로운 시작을 가능하게 해줄 수 있죠. 하지만 용서는 상대방의 선택입니다. 당신이 강요할 수 있는 것이 아니에요. 상대방의 마음이 준비될 때까지 기다려줘야 합니다.

사과, 착각과 오해의 함정

혹시나 '사과하면 다 되겠지.'라고 안일하게 생각하셨다면, 이것은 착각일 수 있습니다. 상대방은 당신의 사과를 받아들일 수도, 거부할 수도 있습니다. 당신의 사과가 받아들여지지 않았을 때 좌절감과 무력감에 빠지기 쉽습니다. 하지만 포기하기엔 이릅니다.

상대방이 쉽게 마음을 풀지 않는다면, 진심이 부족했던 건 아닌지 고민해 봐야 해요.

혹시 "미안해."라는 말에 진심이 담겨 있지 않았던 것은 아닐까요? 아니면, 사과의 타이밍이 너무 늦었던 것은 아닐까요? 상대방의 입장에서는 당신의 사과가 형식적인 사과처럼 느껴졌을 수도 있습니다.

나의 표현이 부족했던 걸까요?

단순히 "미안해."라고 말하는 것만으로는 충분하지 않을 수 있습니다. 상대방이 느꼈을 감정을 구체적으로 언급하며 공감하는 모습을 보여주는 것이 중요합니다. 예를 들어, "내가 한 말 때문에 네가 많이 속상했을 것 같아. 정말 미안해."와 같이 상대방의 감정을 헤아리는 표현을 덧붙이면 좋습니다.

내 행동이 부족했던 걸까요?

때로는 말보다 행동이 중요합니다. 진심 어린 사과와 함께, 잘못을 바로잡기 위한 노력을 보여주어야 합니다. 예를 들어 실수로 중요한 서류를 잃어버렸다면, 새로운 서류를 준비하거나 피해를 최소화하기 위한 방안을 마련하는 등 적극적인 행동을 보여주는 것이 필요합니다.

관계를 살리고 싶다면, 포기하지 마세요.

관계 회복을 원한다면 다시 한번 용기를 내야 합니다. 상대방의 마음을 열기 위해 끊임없이 노력해야 하죠. 진심을 담은 행동으로 당신의 변화된 모습을 보여주고 상대방이 마음을 열 때까지 기다려야 합니다. 물론 쉽지 않은 길이죠. 하지만 진정으로 소중한 관계라면, 그 노력은 결코 헛되지 않을 거예요. 사과는 끝이 아니라 시작입니다. 상대방이 당신의 사과를 받아들이든 받아들이지 않든, 당신은 그 과정에서 성장하고 배우게 될 것입니다.

사실, 진심 어린 사과는 상처를 치유하고 관계를 회복하는 데 큰 힘을 발휘합니다. 2023년 한국트라우마연구교육원의 조사 결과에 따르면, 과거의 상처로 힘든 시간을 보내는 사람들 중 68%가 "가해자가 진심으로 사과했다면 용서하고 상처를 극복하는 데 도움이 되었을 것"이라고 응답했습니다. 진정한 사과는 상대방뿐만 아니라 자신에게도 긍정적인 영향을 미치는 것이죠.

용서를 구할 수는 있지만, 용서하는 것은 상대방의 마음이에요. 진심을 다해 사과하고, 더 나은 모습을 보여주는 것이 중요합니다.

'사과'에 대한 이모저모

긍정 심리학: 인간의 강점과 긍정적인 감정에 초점을 맞추는 심리학 분야입니다. 용서는 회복 탄력성을 키워주는 발판이며, 진심 어린 사과는 상대방의 마음에 스며들어 새로운 시작을 가능하게 해줄 수 있습니다. (출처: Seligman, M. E. P. (2011). Flourish: A visionary new understanding of happiness and well-being. Free Press.)

2

진정한 용서란
과거를 이겨내는 거예요

깊어가는 밤, 카페 구석 자리에 마주 앉은 연인. 여자는 굳은 표정으로 남자를 쏘아보며 말했어요. "됐어, 사과는 받아줄게." 남자는 안도의 한숨을 내쉬었죠. 하지만 여자의 다음 말에 남자의 얼굴은 다시 굳어졌습니다. "근데 너 그때 그랬잖아, 진짜… 그때 왜 그랬어? 내가 얼마나 속상했는지 알아?"

사과를 받아줬다고 끝이 아닙니다. 진짜 게임은 이제부터 시작이에요. 쿨하게 "응, 괜찮아." 했다고 해서 마음속 응어리까지 싹 사라지는 건 아니니까요. '묻어둔다'는 건 땅에 파묻는 게 아닙니다. 사과를 받아줬으면, 과거를 들춰내면서 사람 피곤하게 하지 마세요. 헤어진 연인 붙잡고 "야, 너 그때 그랬잖아!" 따지는 것처럼 찌질해 보입니다.

용서했다면, 그냥 좀 묻어두세요. 곱씹을수록 씁쓸함만 커질 뿐입니다. '용서한다'는 건 억지로 잊어버리는 게 아닙니다. 상처는 기억하되 거기에 얽매이지 않는 거예요. 다시 떠올릴 때마다 욱하고 화가 치밀어 오른다면 아직 진정한 용서가 아닙니다.

사과는 "다시 시작해." 버튼

사과는 관계 재설정의 기회이지만 과거를 싹 지워주는 지우개는 아닙니다. 하지만 Reset 버튼은 될 수 있습니다. 진심 어린 사과를 통해 꼬인 관계를 풀고, 새로운 시작을 할 수 있는 기회를 만들 수 있죠. 하지만, 잊지 마세요. 관계 재설정의 시작은 '용서'라는 다음 페이지를 넘기는 것입니다.

사과를 받아들이는 것은 용서의 시작일 뿐 끝이 아닙니다. 진정한 용서는 과거에 얽매이지 않고 함께 미래를 향해 나아가려는 의지에서 비롯됩니다. 꽁한 마음을 품고 뾰족하게 굴거나 과거의 잘못을 끊임없이 들춰낸다면 관계 회복은 어려울 수 있습니다.

용서를 선택했다면, 이제 함께 새로운 페이지를 써 내려가야 합니다. 서로에게 솔직한 마음을 털어놓고 새로운 관계를 만들어가는 노력이 필요합니다. 쉽지 않겠지만, 진심을 다해 노력한다면 더욱 깊고 단단한 관계를 만들어갈 수 있습니다.

사과, 받아줬으면 이제 좀 쿨하게 넘어가 볼까요?

과거에 얽매여 질질 끌지 말고, 새로운 시작을 해보는 겁니다. 노력 없이 얻어지는 건 없죠. 서로에게 솔직하게 마음을 털어놓고, 새로운 관계를 만들어가는 용기를 가져보세요.

용서, 어렵지만 꼭 필요한 화해의 약속

용서라는 말은 쉽게 꺼내기 어렵습니다. 하지만 진정한 화해를 위해서는 사과를 받아들이는 사람 역시 노력해야 합니다. 용서는 일방적인 행위가 아니라, 서로의 노력으로 이루어지는 약속과 같습니다. 단순히 "괜찮아."라고 말하거나 억지로 잊어버리는 것은 진정한 용서가 아닙니다.

진정한 용서는 상처를 받았던 사실을 기억하면서도, 그 상처에 얽매이지 않고 앞으로 나아가는 것입니다. 다시 그 일을 떠올렸을 때 분노나 슬픔보다 이해와 연민이 앞선다면, 당신은 이미 용서에 가까워지고 있는 것입니다.

물론 용서가 쉽지는 않습니다. 특히 상대방이 '원수'처럼 느껴질 때는 더욱 그렇습니다. 하지만 용서야말로 진정한 관계 회복을 위한 가장 강력한 도구입니다. 원수를 껴안는다는 건, 어쩌면 신의 영역일지도 모릅니다. 하지만 가끔 우리는 그 불가능을 가능으로 바꾸는 사람들을 목격합니다.

- **'웬수 같은 X'에서 '형님, 동생'으로:** 정치판에서는 서로를 깎아내리던 정치인들이 선거 후에는 언제 그랬냐는 듯 악수하고 웃으며 사진 찍습니다. 심지어 "형님, 동생." 하며 술잔을 기울이기도 합니다.
- **'이혼 소송 중'에서 '다시 신혼'처럼:** 홧김에 내뱉은 말, 돌이킬 수 없는 행동으로 이혼 소송까지 이어졌던 부부가 법원 앞에서 극적으로 화해하고, 다시 신혼처럼 알콩달콩 살아가는 경우도 있습니다.
- **'갑질 사장'에서 '고마운 멘토'로:** 직장 내 갑질로 고통받던 피해자가 가해자의 진심 어린 사과를 받아들이고, 심지어 가해자를 '멘토'로 여기며 감사를 표하는 경우도 있습니다.

물론 이는 극히 드문 경우지만, '원수'였던 관계가 '존경'으로 바뀔 수 있다는 희망을 보여줍니다. 이런 놀라운 변화는 가해자의 진심 어린 '사과 용기'와 피해자의 넓은 아량이 만났을 때 비로소 가능해집니다.

용서, 이렇게 시작해보세요

- **마음의 문을 조금씩 열어보세요.**
  "괜찮아."라는 말과 함께, "솔직히 아직 마음이 완전히 풀린 건 아니지만, 네가 노력하는 모습을 보니 나도 다시 한번 믿어보고 싶어졌어."와 같이 솔직한 감정과 함께 용서하려는 마음을 전해보세요.
- **긍정적인 변화에 반응해 주세요.**
  상대방의 변화된 모습에 대해 구체적으로 칭찬해 주세요. "예전에는 네가 ~했을 때 정말 실망했는데, 이번에는 ~해서 정말 좋았어. 네가 달라지려고 노력하는 모습이 보여서 기뻐."와 같이 구체적인 행동 변화를 언급하며 긍정적인 피드백을 주는 것이 좋습니다.

- **함께 할 미래를 그려주세요.**

  "앞으로는 우리 ~하면서 더 좋은 관계를 만들어갈 수 있을 것 같아. 어려움도 있겠지만, 함께 노력해 보자."와 같이 미래에 대한 기대와 함께 노력하려는 의지를 표현해 보세요.

- **인내심을 가지고 기다려 주세요.**

  용서는 한순간에 이루어지는 것이 아닙니다. "조금만 더 시간을 줘, 나도 노력할게. 너도 꾸준히 노력하는 모습 보여줘."와 같이 상대방을 격려하면서, 함께 시간을 갖고 관계를 회복해 나가도록 노력하는 것이 중요합니다.

"괜찮아."라는 말, 그 이상

"괜찮아."라는 말은 용서의 시작일 뿐, 끝이 아닙니다. 마음속 응어리가 완전히 사라지지 않았더라도, 상대방에게 마음을 열고 함께 노력하려는 의지를 보여주는 것이 중요합니다. 이러한 노력들이 모여 진정한 용서와 관계 회복으로 이어질 수 있습니다. 진정한 용서와 화해는 과거를 딛고 미래를 향해 나아가는 마음의 여정입니다. 때로는 힘들고 지칠 수도 있지만, 그 여정 끝에는 더욱 깊어진 관계와 성장한 자신을 만날 수 있을 것입니다.

'Reset 버튼'을 눌렀다면 이제 용서할 차례입니다. 용기를 내어 새로운 관계를 만들어가고, 더욱 성장한 자신을 발견하세요.

3

때로는 말하지 않아도
마음이 전해질 수 있어요

    때로는 "미안해."라는 말이 오히려 더 큰 상처를 줄 수도 있다는 거 아시나요? 상대방의 마음이 아직 준비되지 않았을 때, 섣불리 사과를 건네는 것은 오히려 그들의 마음을 더 닫히게 만들 수 있기 때문이죠. "됐어, 괜찮아."라고 말하지만, 속으로는 여전히 섭섭함과 아픔을 느낄 수 있습니다.

    진정한 화해는 '말'이 아닌 '마음'으로 하는 것입니다.

    굳이 "미안해."라는 말을 하지 않더라도 따뜻한 눈빛, 진심 어린 행동, 그리고 묵묵히 곁을 지켜주는 것만으로도 상대방에게 진심을 전할 수 있습니다. 마치 오랜 시간 함께 해 온 가족처럼, 말하지 않아도 서로의 마음을 느끼고 이해하는 것처럼 말이죠.

    사과 없는 화해는 용서의 또 다른 모습입니다. 용서는 단순히 "괜찮아."라고 말하는 것을 넘어, 상대방의 마음을 이해하고 받아들이는 과정입니다. 때로는 말하지 않아도 마음과 마음이 이어져 용서와 화해에 이르는 순간들이 있습니다.

    "미안해." 없이도 마음이 통할 때

    어린 시절, 친구와 크게 다투고 나서 며칠 동안 서먹하게 지냈던 기억이 떠오릅니다. "미안해."라는 말은 없었지만, 어느 날 아침, 친구가 평소처럼 웃으며 먼저 말을 걸어왔습니다. "오늘 같이 떡볶이 먹으러 갈래?" 그 순간 모든 오해와 갈등이 눈 녹듯 사라졌습니다. 굳이 "미안해."라는 말을 주고받지 않아도 우리는 서로의 마음을 이해하고 화해했습니다.

사과는 관계 회복의 중요한 열쇠이지만 때로는 말하지 않아도 마음이 전해지는 순간들이 있습니다. 오랜 시간 함께 해 온 가족, 친구, 연인 사이에서는 말하지 않아도 서로의 마음을 느낄 수 있습니다.

말하지 않아도 마음으로 전해질 때가 있습니다.

- **눈빛으로 전해지는 미안함**
  - 아침에 눈을 떴을 때, 밤새 당신의 곁을 지킨 배우자의 눈빛에서 걱정과 미안함을 느낄 수 있습니다.
  - 시험에 떨어져 풀이 죽어 있을 때, 부모님의 따뜻한 눈빛은 그 어떤 말보다 큰 위로가 됩니다.
- **행동으로 보여주는 진심**
  - 친구가 당신을 위해 아무 말 없이 따뜻한 차 한 잔을 건네는 순간, 그의 진심을 느낄 수 있습니다.
  - 동료가 당신의 실수를 묵묵히 수습해 주는 모습에서 그의 믿음과 배려를 느낄 수 있습니다.
- **시간이 쌓아 올린 이해**
  - 오랜 시간 함께 쌓아 온 추억과 경험은 서로에 대한 깊은 이해를 만들어냅니다.
  - 그 이해는 말하지 않아도 서로의 마음을 읽을 수 있게 해주고 사소한 오해는 쉽게 풀어낼 수 있도록 돕습니다.

우리 마음을 배회하게 뒀을 때, 비로소 보이는 것들

'용서, 그 너머를 바라보다.'라는 말처럼, 용서는 단순히 과거의 잘못을 덮어두는 것이 아닙니다. 용서는 우리 마음을 자유롭게 배회하도록 놓아줄 때 비로소 그 진정한 의미를 드러냅니다.

우리 마음이 과거의 상처에 얽매이지 않고 자유롭게 움직일 때 우리는 비로소 진정한 용서와 화해에 도달할 수 있습니다. 그리고 그 너머에는 더 깊은 이해와 연결, 그리고 새로운 관계의 가능성이 펼쳐져 있습니다.

물론 모든 관계에서 사과 없이 화해가 가능한 것은 아닙니다. 깊은 상처를 남긴 경우, 혹은 서로의 오해가 쌓여 갈등의 골이 깊어진 경우에는 진솔한 사과와 용서가 반드시 필요합니다.

하지만, 서로에 대한 깊은 신뢰와 이해가 쌓인 관계에서는 말하지 않아도 마음이 전해지는 순간들이 있습니다. 그 순간들은 '사과'라는 형식적인 절차를 넘어 더욱 깊은 차원의 소통을 가능하게 합니다. 사과 없는 화해는 서로의 마음이 깊이 연결되어 있을 때 비로소 가능한 기적입니다.

사과 없는 화해, 그것은 '말'이 아닌 '마음'으로 이어지는 거예요. 서로의 마음이 깊이 연결되어 있다면, 말하지 않아도 전해지는 '사과 없는 화해'의 기적을 경험할 수 있을 것입니다.

'사과'에 대한 이모저모

메라비언의 법칙: 앨버트 메라비언(Albert Mehrabian)이 제시한 이론으로, 의사소통에서 언어적 요소는 7%, 비언어적 요소(표정, 목소리 톤 등)는 93%의 영향력을 가진다는 법칙입니다. 즉, 말로 하는 사과뿐만 아니라 표정, 눈빛, 행동 등 비언어적 요소를 통해서도 진심을 전달하고 화해를 이끌어낼 수 있습니다. (출처: Mehrabian, A. (1971). Silent messages. Wadsworth.)

12장

아름다운 마무리,
어른의 사과

1

시간이 흘러도
사과는 필요해요

잊고 있던 과거의 일들이 어느 날 갑자기 당신을 찾아와 곤란한 상황에 빠뜨린 적은 없으신가요?

- **과거의 그림자**: 몇 년 전, 팀장이었던 당신은 한 팀원에게 업무 효율을 높이기 위해 다소 강한 어조로 피드백을 주었습니다. 당시에는 필요한 조치였다고 생각했지만, 그 팀원은 당신의 말에 큰 상처를 받았고 결국 회사를 떠났습니다. 그리고 몇 년 후, 그 팀원은 당신의 과거 발언을 공개하며 당신을 '직장 내 괴롭힘 가해자'로 낙인찍었습니다.

- **되살아난 과거**: 유명 연예인 B는 과거 학창 시절에 친구를 괴롭혔던 사실이 뒤늦게 알려져 사회적으로 큰 비난을 받았습니다. "어릴 적 철없던 시절의 일"이라며 해명했지만, 대중의 분노는 쉽게 가라앉지 않고 결국 활동을 중단해야만 했습니다.

- **꼬리표처럼 따라붙는 과거**: 인기 유튜버 A는 과거 방송에서 했던 부적절한 발언이 담긴 영상 때문에 곤란한 상황에 처했습니다. "지금은 생각이 바뀌었다."라고 해명했지만, 과거의 발언은 계속해서 그를 괴롭혔고 결국 이미지에 큰 타격을 입었습니다.

'시간이 약'이라는 말, 많이 들어보셨죠? 하지만 시간이 흐른다고 해서 마음속 깊은 곳에 남은 상처까지 모두 아무는 것은 아니랍니다. 오히려 해결되지 않은 과거의 잘못은 마치 땅속 깊이 묻힌 지뢰처럼 언제 터질지 모르는 불안감을 안겨주기도 하죠. 특히, SNS로 과거의 행동들이 쉽게 드러나는 요즘 세상에서는 더욱 그렇습니다.

지금 와서 왜 이러는 걸까요?

"지금 와서 왜 이러는 거야?"라고 생각하며 과거의 일을 굳이 다시 꺼내는 사람들을 원망스럽게 생각할 수도 있습니다. 하지만 그들의 행동은 제대로 된 사과를 받지 못해 마음속에 남은 상처가 아직 아물지 않았다는 신호일 수 있습니다.

받는 사람이 "그래, 이제 괜찮아."라고 진심으로 느낄 수 있도록 제대로 된 사과를 하는 것이 중요합니다. 그렇지 않으면 아무리 시간이 흘러도 언제든 그 상처가 다시 터져 나와 괴로울 수 있다는 사실을 기억해야 합니다. 과거의 잘못을 외면하거나 부정하는 것은 오히려 상처를 더욱 깊게 만들 수 있습니다. 시간이 모든 것을 해결해 주지는 않습니다. 오히려 방치된 상처는 더 깊어지고, 나중에 더 큰 고통으로 돌아올 수 있습니다.

시간이 흘렀지만, 진심을 담아 사과하세요.

오랜 시간이 지난 후의 사과는 더 큰 용기를 필요로 합니다. 하지만 진심으로 과거의 잘못을 인정하고 사과하는 모습은, 피해자에게 진정성을 전달하고 관계 회복의 가능성을 열어줍니다. "내가 과거에 했던 ~ 발언은 잘못된 것이었어. 네 마음을 다치게 해서 진심으로 미안해."와 같이 구체적으로 과거의 잘못을 언급하며 사과하는 것이 중요합니다.

이제는 달라졌다면, 변화된 모습을 보여주세요.

행동으로 보여주는 것도 중요하지만, 그보다 먼저 진심으로 공감하고 인정하는 모습을 보여주는 것이 우선입니다. "맞아, 그때 내가 그랬었지. 철없는 행동이었어. 정말 미안해."와 같이 어느 때보다 진심으로 간절하게 사과를 해야 합니다.

예를 들어,

- "그때 내가 너에게 했던 말, 정말 심했어. 지금 생각해보니 너무 부끄럽고 후회스러워. 네 마음을 몰라주고 함부로 말해서 정말 미안해."
- "그 당시에는 내 행동이 잘못된 줄 몰랐어. 하지만 지금 돌이켜보니 내가 얼마나 큰 잘못을 저질렀는지 알겠어. 진심으로 사과할게."
- "시간이 많이 흘렀지만, 아직도 그 일로 힘들어하고 있을 너를 생각하면 마음이 아파. 내가 너에게 진심으로 사과하고 싶어."

와 같이 구체적인 상황과 감정을 담아 사과하는 것이 좋습니다.

지금의 내가 너무 괜찮은 사람이라 더 인정하기 어렵다고요?

오히려 직책이 높아지거나 성공할수록 과거의 잘못을 인정하기가 더 어려울 수 있습니다. "내가 이렇게 훌륭한 사람인데 과거의 잘못 때문에 평판이 깎일 수는 없지."라는 생각이 들 수도 있죠. 하지만 진정한 성공은 과거의 잘못을 인정하고 책임지는 데서 시작됩니다. 과거의 잘못을 덮으려고만 한다면, 결국 부정을 통해 발목 잡힐 수 있습니다.

때로는 시간이 흘러 상황이나 발언이 구체적으로 기억나지 않을 수도 있습니다. 특정 내용을 언급하기 어렵다면, "예전에 내가 너에게 상처를 준 일이 있었던 것 같아. 그때의 내 행동에 대해 진심으로 사과하고 싶어."와 같이 진심을 담아 전달하는 것만으로도 충분히 의미가 있습니다.

과거의 잘못은 지울 수 없어요. 하지만 사과를 통해 새로운 시작을 만들 수 있습니다.

'사과'에 대한 이모저모

사회적 구성주의 이론: 사회적 구성주의 이론은 지식과 현실이 사회적 상호 작용을 통해 구성된다는 이론입니다. 시간이 흐른 후에도 사과가 필요한 이유는 과거의 행동에 대한 평가가 사회적 맥락과 해석에 따라 달라질 수 있기 때문입니다. 시간이 흐름에 따라 새로운 정보나 관점이 등장하면서 과거의 행동이 재해석되고, 과거의 잘못이 더욱 크게 느껴질 수 있습니다. 따라서 과거의 잘못에 대해 진심으로 사과하는 것은 여전히 중요합니다.

2

사과,
용서라는 매듭으로 완성해요

"미안해."라는 말, 참 듣기 좋죠. 하지만 가끔은 그 말을 듣고도 마음이 편치 않을 때가 있습니다. 몇 년 만에 만난 친구가 과거의 잘못을 사과했는데 어색함만 감돌았던 경험, 직장 동료의 진심 어린 사과를 받았지만 여전히 마음 한구석이 불편했던 적, 한 번쯤은 있지 않으신가요?

이미 사과를 받았는데도 왜 이런 감정이 드는 걸까요? 그건 아마도 용서라는 매듭을 제대로 묶지 못했기 때문일 것입니다.

매듭, 관계를 잇는 힘

'매듭'은 단순히 끈이나 줄을 묶는 행위만을 의미하지 않습니다. 풀어지거나 끊어진 관계를 다시 잇는 것, 서로 다른 개성을 가진 사람들이 조화롭게 어우러지는 것, 갈등을 극복하고 더욱 끈끈한 유대감을 형성하는 것, 이 모든 과정이 '매듭'을 묶는 과정입니다. 마치 엉킨 실타래를 풀어 하나의 아름다운 작품을 만들어내듯 관계는 사과와 용서라는 매듭을 통해 더욱 견고하고 아름다워집니다.

사과를 통해 더 끈끈해진 관계, 경험해 보셨나요?

자신의 실수를 솔직하게 인정하고 진심으로 사과하는 모습을 보며 오히려 그 사람에게 더 호감을 느낀 적은 없으신가요? 사과는 상대방의 약점을 보여주는 것이 아니라 오히려 성숙함과 용기를 보여주는 증거입니다. 진심 어린 사과는 상대방의 마음을 움직이고 더욱 깊은 신뢰를 쌓을 수 있는 기회가 됩니다. 이처럼 사과와 용서를 통해 관계의 매듭을 잘 묶는다면 이전보다 더 끈끈하고 건강한 관계를 만들어갈 수 있습니다.

사과 받은 자, 너그러움을 꺼내자.

사과를 받아들이는 것은 단순히 "괜찮아."라고 말하는 것 이상의 의미를 지닙니다. 진정한 용서는 '너그러움'을 통해 완성됩니다. 상대방이 빚진 마음의 짐을 덜어주고 새로운 시작을 위한 발판을 마련해 주는 것, 그것이 바로 너그러움입니다. 물론, 마음속 응어리가 쉽게 사라지지는 않겠죠. 하지만 너그러움을 통해 과거에 얽매이지 않고 미래를 향해 나아갈 수 있는 힘을 얻을 수 있습니다.

CCTV는 끄고 돋보기는 치워두세요.

사과를 받아들였다고 해서 상대방의 모든 행동을 감시하고 의심할 필요는 없습니다. 이미 마음의 빚을 진 상대는 당신의 눈치를 살피며 변화하려 노력할 것입니다. 믿음을 가지고 지켜봐 주세요. 끊임없는 의심과 추궁은 오히려 관계 회복을 방해할 뿐입니다.

다시 한번 기회를 주는 용기, 너그러움

우리 모두 완벽하지 않기에 누구나 실수할 수 있습니다. 상대방이 진심으로 사과하고 변화하려 노력했음에도 불구하고 또다시 실수를 저질렀을 때 우리는 다시 한번 너그러움을 발휘해야 합니다. "괜찮아, 누구나 실수는 할 수 있어. 중요한 건 실수를 통해 배우고 성장하는 거야.", "이번 일을 계기로 서로를 더 잘 이해하게 되었으니, 앞으로 더 좋은 관계를 만들어갈 수 있을 거야."와 같은 너그러운 마음으로 상대방을 이해하고 기다려주세요.

사과와 용서가 조화롭게 어우러질 때 관계의 매듭은 아름답게 완성돼요. 사과는 용기를 내어 손을 내미는 것이고, 용서는 그 손을 따뜻하게 맞잡는 것입니다.

3

사과한다고
다 받을 필요는 없어요

친구와의 약속 시간에 늦어 미안하다며 사과하는 친구, 하지만 그의 표정은 시큰둥하고 "미안~ 미안~" 하는 말투는 가볍기만 합니다. 혹은, 회사 동료가 프로젝트를 망친 것에 대해 사과하지만, "내가 뭘 잘못했는지 모르겠지만, 어쨌든 미안해."라며 변명으로 일관합니다. 이럴 때, 당신은 어떤 기분이 드시나요?

겉으로는 "괜찮아."라고 말하지만, 속으로는 찜찜함이 남아 있을 수 있습니다. 하지만 이처럼 진심 없는 사과를 받아들이는 척, 괜찮은 척하는 것은 나 자신에게 비겁한 행동입니다. 마치 곪아가는 상처처럼, 덮어둔 감정은 결국 더 큰 아픔으로 돌아올 수 있습니다.

심리학자 브레네 브라운은 '진정한 용서는 상처를 인정하고 치유하는 과정이며, 이를 외면하는 것은 자기 자신을 속이는 행위'라고 말했습니다.

사과를 받아들일지 결정하기 전에, 먼저 내 마음의 소리에 귀 기울여 보세요.

혹시 가슴이 답답하고 숨이 막히는지, 자꾸 그 일이 떠오르고 화가 나는지, 상대방과 함께 있으면 불편하고 어색한지, 상대방의 행동에 자꾸 의심이 드는지, 혼자 있고 싶고 대화를 피하고 싶은지 생각해 보세요. 이러한 신호들은 아직 마음의 준비가 되지 않았음을 의미합니다.

만약 마음속에서 "아니오."라는 외침이 들려온다면, 주저 말고 사과를 거절하고 환불하세요.

"음… 사과는 고마운데, 솔직히 좀 더 진심으로 느껴졌으면 좋겠어."와 같이 솔직하게 말하는 것이 중요합니다.

효과적으로 사과를 거절하는 표현법

- **'나'를 주어로 하여 감정을 표현해 보세요.**
  "네가 약속 시간에 늦어서 나는 실망했고, 내가 기다리는 동안 나는 초조했어."와 같이 말하면 상대방에게 비난하는 느낌을 주지 않으면서도 자신의 감정을 명확하게 전달할 수 있습니다.
- **구체적인 상황을 언급하세요.**
  "프로젝트 발표 준비를 혼자 하게 되어 나는 너무 힘들었어. 특히 밤샘 작업을 할 때 나는 정말 지쳤고, 네가 나와의 약속을 어기고 다른 일을 했다는 사실에 나는 화가 났어."와 같이 구체적인 상황을 언급하면 상대방이 자신의 잘못을 명확히 인지하고 반성하는 데 도움이 됩니다.
- **상대방의 입장이 되어 보세요.**
  상대방의 말에도 귀 기울이고 이해하려는 노력을 보여주세요. "네 입장도 이해는 되지만, 나는 네가 나의 감정을 좀 더 헤아려주길 바랐어."와 같이 말하면 상대방과의 소통을 이어나가면서도 자신의 입장을 분명히 할 수 있습니다.
- **시간을 요청하세요.**
  "나는 아직 마음의 준비가 되지 않았어. 좀 더 시간이 필요할 것 같아."와 같이 솔직하게 말하는 것도 좋은 방법입니다.

사과, 때로는 환불해도 괜찮아요. 상대방에게 진정한 사과의 의미를 깨닫고 성장할 수 있는 기회를 주는 것입니다. 우리는 누구나 제대로 된 사과를 받을 권리가 있습니다.

'사과'에 대한 이모저모

진정한 용서 이론: 심리학자 브레네 브라운(Brené Brown)이 주장한 이론으로, 진정한 용서는 상처를 인정하고 치유하는 과정입니다. 단순히 '괜찮다.'고 말하며 넘어가는 것이 아니라, 자신의 감정에 솔직하게 마주하고 상처를 치유하기 위한 노력을 기울여야 합니다. (출처: Brown, B. (2012). Daring greatly: How the courage to be vulnerable transforms the way we live, love, parent, and lead. Gotham Books.)

4

'진심' 없는 관계는
과감하게 정리해요

때로는 관계를 정리하고 떠나야 할 때도 있습니다.

세상 모든 관계가 사과 한마디로 봉합될 수 있다면 얼마나 좋을까요? 하지만 현실은 그렇지 않습니다. 아무리 진심을 다해 사과해도 상대방의 마음이 움직이지 않을 때, 혹은 상대방의 행동이 변하지 않고 계속해서 상처를 줄 때, 우리는 냉정하게 현실을 직시해야 합니다.

습관적인 거짓말, 끊이지 않는 폭언, 무책임한 행동…

눈물을 흘리며 "나에게 한 번만 더 기회를 줘."라고 애원하지만 얼마 지나지 않아 또다시 반복되는 실망스러운 행동들. "미안해, 다시는 안 그럴게."라는 말이 공허한 메아리처럼 들릴 뿐이라면, 그 관계는 이미 회복 불가능한 상태일지도 모릅니다.

용서가 만능 해결책이 될 수 없는 이유

● **습관적인 거짓말**

진실되지 못한 말들은 관계의 기반을 무너뜨리는 주범입니다. "미안해, 다시는 거짓말 안 할게."라는 말도 습관적인 거짓말 앞에서는 아무런 의미가 없습니다. 상대방은 더 이상 당신의 말을 믿지 못하게 되고, 결국 깊은 불신의 골만 남게 됩니다. 진정한 사과는 변화된 행동으로 증명되어야 합니다.

- **폭언과 폭력**

  홧김에 뱉은 폭언이나 휘두른 주먹은 씻을 수 없는 상처를 남깁니다. "미안해." 한 마디로 그 상처가 아물 것이라고 생각한다면 큰 오산입니다. 진심 어린 사과와 함께, 다시는 그런 행동을 반복하지 않겠다는 확고한 다짐과 실질적인 노력이 필요합니다. 때로는 법적 책임까지 져야 할 수도 있습니다.

- **배신**

  신뢰를 송두리째 짓밟는 배신 행위는 사과만으로는 결코 회복될 수 없습니다. 깨진 유리 조각을 다시 붙인다고 해서 원래대로 돌아가지 않는 것처럼, 배신으로 인한 상처는 쉽게 아물지 않습니다. 진정한 사과와 함께, 뼈를 깎는 반성과 꾸준한 노력을 통해 신뢰를 회복해야 합니다.

- **금전적 손실**

  돈을 빌리고 갚지 않거나, 투자 사기를 당했을 때, "미안하다."라는 말은 아무런 의미가 없습니다. 피해 금액을 변제하고, 법적 책임을 지는 것이 우선입니다. 사과는 그 이후에 따라오는 것입니다.

'관계를 정리해야 한다'는 사실을 인정하는 것은 쉽지 않습니다.

우리는 흔히 관계의 지속 기간, 주변의 시선, 상대방에 대한 미련 등 여러 가지 이유로 관계를 놓지 못하고 괴로워합니다.

관계를 유지하는 것이 더 큰 고통을 가져온다면, 그 관계는 이미 당신에게 독이 되고 있는 것입니다. "좋은 게 좋은 거지."라는 생각으로 억지로 관계를 이어가는 것은 결국 당신 자신을 희생시키는 것과 다름없습니다. 매번 실망하고 상처받는 자신을 발견하게 된다면 때로는 나를 위해 용기 있는 선택을 해야 할 때도 있습니다.

관계를 정리해야 할 때, 다음과 같은 질문들이 도움이 될 수 있습니다.

- 이 관계가 나에게 어떤 영향을 미치는가? 나의 자존감, 행복, 삶의 방향 등에 긍정적인 영향을 주는지, 혹은 부정적인 영향을 주는지 객관적으로 평가해 보세요.
- 나는 이 관계에서 무엇을 얻고 무엇을 잃는가? 시간, 에너지, 감정적인 소모 등 관계 유지를 위해 내가 지불하는 비용은 무엇인지, 그리고 그에 대한 보상은 무엇인지 따져보세요.
- 만약 이 관계를 정리한다면, 나의 삶은 어떻게 변화할까? 두려움보다는 기대 감을 가지고, 새로운 가능성을 상상해 보세요.

이별에도 기술이 필요합니다.

질질 끌면서 서로에게 더 큰 상처를 주는 것보다는 깔끔하게 마무리 짓는 것이 낫습니다. "더 이상 이렇게는 못 해, 우리 서로를 위해 이쯤에서 끝내는 게 좋겠어."라고 솔직하게 말하고, 미련 없이 떠나세요. 그리고 새로운 시작을 위한 준비를 시작하세요.

관계를 정리하는 것은 비겁한 도피가 아니에요. 오히려 서로를 존중하고, 더 이상 상처 주는 관계를 지속하지 않겠다는 용기 있는 결단입니다. 때로는 떠나는 것이 서로를 지키는 가장 아름다운 방법일 수 있습니다.

'사과'에 대한 이모저모

사회적 교환 이론: 조지 호만스(George Homans)가 제시한 이론으로, 사람들은 관계에서 얻는 보상과 비용을 비교하여 관계의 지속 여부를 결정한다는 이론입니다. 관계를 유지하는 데 드는 비용이 보상보다 크다고 판단될 때, 사람들은 관계를 단절하거나 새로운 관계를 모색할 수 있습니다. (출처: Homans, G. C. (1958). Social behavior as exchange. American journal of sociology, 63(6), 597–606.)

5

사과를 아끼는 만큼,
관계는 더 소중해져요

"미안해."라는 말, 참 쉽죠? 하지만 카페에서 주문을 잘못했을 때도, 친구와의 약속에 5분 늦었을 때도, 심지어 길을 가다 부딪혔을 때도 "미안해."를 연발하는 사람들을 보면 어떤 생각이 드시나요? 혹시 그 말이 마치 유행가 가사처럼 흔하게 들리지는 않나요? 습관처럼 내뱉는 사과는 그 의미를 잃어버리고, 진정성을 의심받게 만듭니다.

사과를 아낀다는 것은 결코 사과를 하지 말라는 의미가 아닙니다. 오히려 진정한 사과의 가치를 지키고, 관계를 더욱 돈독하게 만들기 위한 노력입니다. 소중한 사람에게 건네는 사과는 신중하고 진심을 담아야 합니다.

사과는 단순한 말 이상의 의미를 지닙니다.

진심 어린 사과는 상처를 치유하고 무너진 신뢰를 회복하며, 멀어진 관계를 다시 이어주는 마법과도 같습니다. 하지만, 남발되는 사과는 그 가치를 잃고 오히려 진정성을 의심받게 만듭니다. 마치 희귀한 보석처럼, 사과는 아껴 쓰고 그 빛을 잃지 않도록 소중히 지켜야 합니다.

사과를 하기 전에, 잠시 멈춰 서서 생각해 보세요.

- **내가 정말 잘못한 것이 맞는가?** 상황을 객관적으로 판단하고, 나의 책임 범위를 명확히 해야 합니다. 단순히 분위기 때문에 혹은 상대방이 화가 났다는 이유로 무조건 사과하는 것은 오히려 관계를 악화시킬 수 있습니다.
- **나의 사과가 상대방에게 어떤 의미를 전달할까?** 단순히 상황을 모면하기 위한 사과인지, 아니면 진심으로 상대방의 마음을 헤아리는 사과인지 생각해 보세요. 진심 없는 사과는 공허한 메아리처럼 울릴 뿐입니다.
- **사과 외에 다른 방법으로 문제를 해결할 수는 없을까?** 때로는 사과보다 더 효과적인 해결책이 있을 수 있습니다. 예를 들어, 잘못된 행동에 대한 구체적인 보상 방안을 제시하거나, 재발 방지를 위한 약속을 하는 것이 더 효과적일 수 있습니다.

사과, 이렇게 쓰면 아껴야 합니다.

- **습관적으로 사과를 남발하는 경우**
  "미안해."라는 말을 입에 달고 살지만 진정한 반성이나 행동의 변화가 없는 사람입니다. 마치 '미안해'라는 말이 면죄부라도 되는 듯 행동하는 사람에게 진정한 사과를 기대하기는 어렵습니다. 이런 사람에게는 습관적인 사과보다는 자신의 행동을 되돌아보고 고칠 수 있도록 시간을 주는 것이 필요합니다.
- **같은 잘못을 반복하며 형식적인 사과만 하는 경우**
  변화하려는 노력 없이 같은 잘못을 반복하고, 의례적인 사과만 늘어놓는 사람입니다. "미안해."라는 말은 하지만, 행동은 전혀 변하지 않는다면 그 사과는 진심이 아닐 가능성이 높습니다. 이런 사람에게는 진심으로 사과할 때까지 기다리거나, 혹은 상황에 따라서는 관계 자체를 재고해 볼 필요도 있습니다.

- **사소한 일에도 과도하게 미안해 하는 경우**

  자신의 감정이나 의견을 표현하는 것조차 미안해하는 사람입니다. 지나친 사과는 오히려 자신감을 떨어뜨리고, 주변 사람들에게 부담을 줄 수 있습니다. 이런 사람에게는 잦은 사과보다는 자존감을 높여주고 당당하게 자신을 표현할 수 있도록 격려하는 것이 필요합니다.

- **나를 잃어버리는 사과를 하는 경우**

  맘에 없는 사과나 상황에 이끌려 원치 않는 사과를 해야 하는 사람입니다. 자신의 잘못이 아님에도 불구하고, 분위기에 휩쓸려 사과를 하는 것은 장기적으로 자신에게 해가 될 수 있습니다. 이런 사람에게는 자신의 감정과 생각을 솔직하게 표현하고, 진정한 자신을 지키는 방법을 알려주는 것이 중요합니다.

때로는 사과하는 것이 나 자신을 지키는 방법이 되기도 합니다.

잘못을 인정하고 책임지는 모습은 오히려 당신의 진실성과 용기를 보여주는 증거가 될 수 있습니다. 진심 어린 사과는 상대방의 분노를 누그러뜨리고, 불필요한 오해와 갈등을 예방하며, 당신의 평판을 지켜줄 수 있습니다.

반대로, 사과를 너무 아껴서 관계를 망치는 경우도 있습니다.

- **나의 잘못으로 깊은 상처를 받은 사람**

  당신의 실수나 잘못으로 인해 큰 상처를 받은 사람에게는 진심으로 사과하고 용서를 구해야 합니다. 때로는 당신의 사과 한 마디가 상대방에게 큰 위로가 될 수 있습니다.

- **오랜 시간 동안 멀어진 소중한 사람**

  오해나 갈등으로 인해 멀어진 소중한 사람에게는 용기를 내어 먼저 손을 내밀고 진심을 전해야 합니다. 자존심이나 두려움 때문에 사과를 미루는 것은 관계 회복의 기회를 놓치는 것과 같습니다.

- **사과하면 자존심이 상할 것 같은 사람**

  자존심 때문에 망설이는 사이, 관계는 더욱 악화될 수 있습니다. 진정한 용기는 자신의 잘못을 인정하고 사과하는 데서 시작됩니다. 사과는 패배가 아니라 성숙한 인간관계로 나아가는 새로운 시작입니다.

- **나의 행동으로 불편함을 느꼈을 사람**

  당신의 행동이나 말로 인해 불편함을 느꼈을 사람에게는 먼저 다가가 상황을 설명하고 진심으로 사과해야 합니다. 작은 오해라도 방치하면 큰 갈등으로 번질 수 있습니다.

사과는 마음의 문을 여는 열쇠입니다. 하지만, 모든 열쇠가 모든 문에 맞는 것은 아닙니다. 때로는 신중하게, 때로는 과감하게, 상황에 맞는 열쇠를 사용해야 합니다. 사과를 아끼는 것은 관계를 소중히 여기는 마음의 표현입니다. 사과는 그 가치를 지키고 현명하게 사용할 때, 더욱 성숙하고 건강한 관계를 만들어갈 수 있습니다.

사과는 신중하게 사용될 때 더욱 빛을 발휘해요. 진심을 담아 필요한 순간에 적절한 사람에게 사과하는 것은 관계 회복과 자기 보호를 위한 가장 현명한 방법입니다.

'사과'에 대한 이모저모

사회적 인지 이론: 알버트 반두라(Albert Bandura)가 제시한 이론으로, 사람들은 관찰, 모방, 자기 규제를 통해 행동을 학습합니다. 습관적으로 사과를 남발하는 것은 사회적 학습의 결과일 수 있으며, 이는 타인의 행동을 모방하거나 잘못된 사회적 규범을 내면화하면서 형성될 수 있습니다. (출처: Bandura, A. (1977). Social learning theory. Englewood Cliffs, NJ: Prentice Hall.)

6

나에게 하는 사과,
잊지 않으셨나요?

    때로는 타인에게 건네는 사과보다 더 어려운 것이 바로 나 자신에게 향하는 사과일지도 모릅니다. 우리는 어른이기에, 자신에게 더욱 엄격한 잣대를 들이대곤 합니다. 실수 앞에 좌절하고, 부족함에 자책하며 스스로를 몰아세우기도 합니다. 하지만 기억하세요. 우리 모두는 불완전한 존재이며, 실수와 실패는 성장을 위한 값진 경험이라는 것을.

    진심을 담아 누군가에게 사과를 건네고 나면, 마치 온 마음을 쏟아낸 듯 에너지가 소진되곤 합니다. 사과를 하기 전 얼마나 많은 고민과 걱정으로 마음을 졸였을까요? 어떤 타이밍에 어떤 말로 사과를 해야 할지 수없이 고민했을 것입니다. 어른의 사과는 더욱 그렇습니다. 자존심과 체면 때문에 망설이고 관계가 얽혀 있어 더욱 신중해야 하기에 우리의 마음은 더 지쳐 있을지도 모릅니다.

    그럴 때, 우리는 깊은 휴식과 위로가 필요합니다. 바쁘게 돌아가는 세상 속에서 나 자신을 챙기기란 쉽지 않습니다. 하지만 사과를 한 후, 지친 내 마음이 기다리는 위로는 그 누구보다 나 자신이 건네는 따뜻한 말 한마디일 것입니다.

    사과가 빠져나간 내 마음에, 텅 빈 공간이 생긴 것만 같습니다. 이 빈자리를 무엇으로 채워야 할까요? 바로 나를 위한 따뜻한 위로입니다.

잠시 눈을 감고, 나 자신에게 진심으로 사과를 건네는 동시에 이렇게 말해주세요.

"괜찮아, 충분히 잘하고 있어."
세상의 기대에 부응하지 못했다고 자책하지 마. 넘어져도 괜찮아. 다시 일어설 수 있는 너니까.

"수고했어, 오늘도 최선을 다했잖아."
결과가 보이지 않더라도, 너의 노력은 결코 헛되지 않아. 묵묵히 자신의 길을 걸어온 너를 칭찬해.

"네가 용기를 내 준 덕분에, 한 걸음 더 나아갈 수 있었어."
어른으로서 쉽지 않았을 텐데, 용기 내어 사과해줘서 고마워.

"마음이 많이 힘들었지?"
이제 괜찮아. 내가 네 편이 되어줄게. 힘든 세상 속에서 나의 진심을 알아주는 내 편이 많다는 걸 잊지 말자. 넌 혼자가 아니야.

"너는 정말 소중한 사람이야."
때로는 잊고 살지만, 너는 세상 누구보다 존귀한 존재야. 너 자신을 아끼고 사랑해주길 바라.

"앞으로 더 잘하면 돼."
실수는 잊고, 더 멋진 미래를 향해 나아가자. 넘어져도 다시 일어설 수 있는 강인함을 믿어.

"오늘의 너도, 내일의 너도, 언제나 빛날 거야."
너의 가능성은 무궁무진하며, 넌 뭐든 해낼 수 있어. 어른으로서 겪는 모든 어려움을 이겨내고 찬란하게 빛나길.

　따뜻한 위로와 격려를 담아 스스로를 다독여 주세요. 어쩌면 그 어떤 사과보다도 큰 울림으로 당신의 마음에 닿을지도 모릅니다. 스스로에게 건네는 따뜻한 말 한마디 한마디가 텅 빈 마음을 채워주고, 다시금 삶의 에너지를 충전시켜 줄 것입니다.

　나 자신에게 따뜻한 사과를 건네세요. 당신의 마음속에 숨겨진 상처를 어루만지고, 진정한 행복으로 이끌어 줄 것입니다.

사과하는 어른이
되어 주세요

 세상 살다 보면 누구나 한 번쯤은 억울한 일을 겪기 마련입니다. 내 잘못도 아닌데 괜히 욕을 먹거나, 나쁜 일을 당해도 제대로 사과받지 못하는 경우도 있죠. "내가 너무 예민한가?", "괜히 따졌다가 더 큰 문제가 되는 건 아닐까?" 고민하며 혼자 속앓이를 해본 적도 있을 겁니다.

 하지만 받지 못한 사과에만 매달려 있으면 우리 마음만 더 힘들어집니다. 다른 사람에게 상처받았다고 해서, 우리까지 똑같이 남에게 상처를 줄 필요는 없습니다. 오히려 나부터 제대로 사과할 줄 아는 사람이 된다면, 세상은 조금씩 더 따뜻해지지 않을까요?

 어른이 된다는 것은 단순히 나이를 먹었다는 것을 의미하지 않습니다. 때로는 나이와 상관없이 누군가에게 상처를 주기노 하고, 또 누군가에게 위로를 받기도 합니다. 진정한 어른은 자신의 내면을 돌아보고, 타인의 마음을 이해하며, 성숙한 관계를 맺어나가는 사람입니다. 사과도 마찬가지입니다. 내가 제대로 한 사과가 상대방에게 위로가 될 뿐만 아니라, 나 자신에게도 따뜻한 위로가 되어 돌아올 때, 우리는 비로소 어른으로서 한 단계 성장했음을 느낍니다. 마치 내가 던진 따뜻한 말 한마디가 메아리처럼 되돌아와 나를 감싸는 것처럼 말이죠.

"그 사람도 사과하지 않는데, 왜 나만 해야 하지?" 이런 생각도 한 번쯤 해봤을 것입니다. 세상에는 자신의 잘못을 인정하지 않고, 책임을 회피하며, 진심 어린 사과를 하지 않는 사람들이 분명 존재합니다. 그런 사람들을 보며 "나만 착하게 살 필요가 있을까?", "나만 손해 보는 것은 아닐까?" 하는 회의감이 들 수도 있습니다. 하지만 그럼에도 불구하고, 우리는 사과하는 어른이 되어야 합니다.

사과하는 사람은 정해져 있지 않습니다. 나이가 어리다고, 직급이 낮다고, 힘이 약하다고 해서 사과를 해서는 안 되는 것은 아닙니다. 오히려 나이, 직급, 힘과 관계없이 누구나 잘못을 했을 때는 솔직하게 인정하고 사과할 수 있어야 합니다.

여전히 사과해야 하는 일들, 풀리지 않은 일들은 우리 주변에서 많이 일어나고 있습니다. 직장에서, 학교에서, 가정에서, 그리고 사회 곳곳에서 크고 작은 갈등이 끊이지 않습니다. 그리고 안타깝게도 그 갈등의 중심에는 나이가 어리거나, 직급이 낮거나, 힘없는 사람들이 있는 경우가 많습니다. 그들은 자신의 잘못이 아님에도 불구하고, 상황을 모면하기 위해, 혹은 더 큰 불이익을 당하지 않기 위해 억지로 사과를 해야 하는 경우가 많습니다.

하지만 사과하는 것을 두려워하지 마세요. 사과는 나약함의 표현이 아니라 강인함의 표현입니다. 자신의 잘못을 인정하고 변화하려는 용기는 어른만이 가질 수 있는 진정한 힘입니다. 세상이 아무리 각박하고 냉정하더라도, 우리 안의 따뜻함과 용기를 잃지 말아야 합니다.

오히려 자신을 인정할 줄 아는 멋진 어른이 되세요. 사과는 단순히 잘못을 인정하는 행위를 넘어 상처받은 마음을 치유하고 관계를 회복하는 힘을 지니고 있습니다. 사과를 통해 우리는 과거의 잘못을 반성하고 더 나은 사람으로 성장할 수 있습니다. 사과로 받은 상처는 내가 하는 제대로 된 사과로 치유될 수 있습니다. 내가 먼저 용기를 내어 사과하고, 진심으로 관계 회복을 바라는 마음을 가진다면, 상대방의 마음도 움직일 수 있을 것입니다. 그리고 그 순간, 당신의 마음도 치유될 것입니다.

용기 있는 멋진 어른인 당신에게 묻습니다.

"오늘, 당신의 '사과 용기'가 필요한 곳은 어디인가요?"

더 늦기 전에, 사과해야 할 사람이 있다면 바로 지금입니다.